EMBARAZO
Y
PARTO

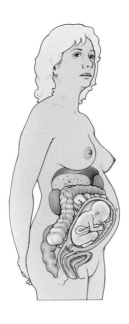

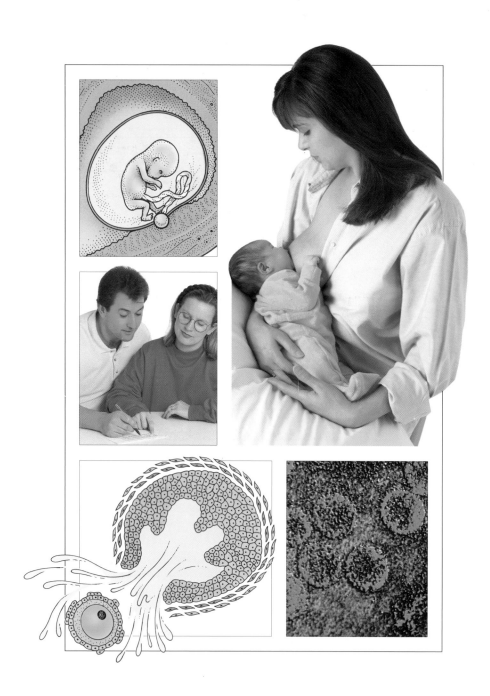

BIBLIOTECA MÉDICA FAMILIAR

EMBARAZO Y PARTO

Editor médico
CHARLES B. CLAYMAN, MD

EDITORIAL EVEREST, S. A.

MADRID • LEON • BARCELONA • SEVILLA • GRANADA • VALENCIA
ZARAGOZA • LAS PALMAS DE GRAN CANARIA • LA CORUÑA
PALMA DE MALLORCA • ALICANTE – MEXICO • BUENOS AIRES

DORLING KINDERSLEY
Director editorial Jonathan Reed; **editor en jefe** Robert Dinwiddie;
editor senior Andrea Bagg; **Editores** Edda Bohnsack, Amanda Jackson, Caroline Macy, Dr. Fiona Payne
Joanna Thomas; **asistente editorial** Margaret Little
Director de producción Ian Paton
Director artístico Ed Day, **editor artístico en jefe** Simon Webb; **editor artístico** Mark Batley
Diseñadores Amanda Carroll, Sara Hill, Jenny Hobson, Lydia Umney, Virginia Walter
Ilustradora Julia Tacey

La BIBLIOTECA MÉDICA FAMILIAR ha sido diseñada y producida por Dorling Kindersley, Ltd.

Título original: *HOME MEDICAL LIBRARY, Pregnancy and Childbirth*
Traducción: Ersi Samara Espiliotopulu
Realización: Thema, Equipo Editorial. Barcelona

Fotografía de cubierta: AGE, Fotostock

PRIMERA EDICIÓN, primera reimpresión, 1997
© 1993 Dorling Kindersley, Ltd., y EDITORIAL EVEREST, S.A.
Carretera León-La Coruña, Km 5 - LEÓN
ISBN: 84-241-2140-6 (Obra completa)
ISBN: 84-241-2151-1 (Tomo XI)
Depósito legal: LE. 108-1994
Printed in Spain – Impreso en España

EDITORIAL EVERGRÁFICAS, S.A.
Carretera León-La Coruña, Km 5
LEÓN (España)

PRESENTACIÓN

La creación de una nueva vida –es decir, el período prenatal– es el más misterioso y el más complejo en el conjunto de la evolución del ser humano. Esta etapa, señalada a menudo como «milagro de la naturaleza», no tiene parangón con ninguna otra en cuanto a la gran riqueza de sucesos biológicos que lleva consigo: la fecundación, la diferenciación de las primeras células, la colocación de los bosquejos de todos los órganos, su maduración y crecimiento, el establecimiento de las primeras correlaciones entre ellos y, finalmente, la puesta a punto definitiva de sus funciones, especializadas y perfectamente coordinadas.

Desde el inicio del embarazo y hasta el momento del parto, el organismo materno sufrirá cambios importantes que proporcionarán un entorno favorable al nuevo ser –en un período que será crucial para el resto de su vida– con el fin de que pueda desarrollarse armónicamente y pueda ver la luz en perfectas condiciones. En breve tiempo, el cuerpo de la madre recuperará después del parto las condiciones fisiológicas previas al embarazo.

En la actualidad, debido en gran parte a los avances tecnológicos, se conocen cada vez mejor los distintos aspectos normales y patológicos del desarrollo fetal, por lo que las posibilidades de una mujer de tener una gestación y un parto bien controlados son cada vez mayores. Las visitas al ginecólogo, antes de iniciarse el embarazo y durante el transcurso del mismo, una dieta equilibrada, ejercicio físico regular y una vida sana, evitando sobre todo el alcohol y el tabaco, pondrán la primera piedra para que la llegada del nuevo ser, esperada con amor e ilusión en el seno de la familia, no plantee ningún tipo de problemas.

Este volumen explica con claridad la planificación del embarazo, los trastornos pasajeros que se pueden presentar hasta el parto y el alumbramiento. Las posibles complicaciones que pueden surgir en el curso del embarazo, su prevención y tratamiento, el período de postparto, la lactancia, los embarazos de alto riesgo, la infertilidad, el asesoramiento genético y otros muchos temas son abordados en esta obra de un modo amplio y comprensible.

Creemos que la lectura de este volumen, cuidadosamente presentado y profusamente ilustrado, será de gran utilidad tanto para los futuros padres como para las personas de cualquier edad que sientan curiosidad para conocer los íntimos acontecimientos de estos meses de estrechísima relación y dependencia entre la futura madre y el hijo que va madurando en su seno.

Dr. R. J. Serrano Bonell
Médico de los Laboratorios clínicos del Hospital del Mar, de Barcelona

SUMARIO

CAPÍTULO UNO

COMIENZA UNA NUEVA VIDA

INTRODUCCIÓN

PROCESO REPRODUCTOR

PLANIFICACIÓN DEL EMBARAZO

LAS PROBABILIDADES de tener un hijo sano son mayores que en cualquier otro momento de la historia, gracias a los avances de la tecnología médica, la insistencia en los cuidados prenatales completos y el reconocimiento de la importancia de un estilo de vida sano. Los investigadores siguen buscando el modo para reducir el índice de mortalidad infantil, todavía elevado en algunos países desarrollados. La mortalidad perinatal (índice de niños nacidos muertos más los que mueren durante la primera semana después del nacimiento) ha descendido en un 50% entre 1950 y 1980, y sigue disminuyendo. Además, el índice de mortalidad de las madres descendió en un 32% entre 1979 y 1986. Los investigadores médicos han podido identificar muchas de las causas del desarrollo fetal anormal y de los trastornos que pueden perjudicar al feto. Gracias a ello, tanto los médicos como los futuros padres están mucho mejor preparados para prevenir este tipo de trastornos. El embarazo comienza cuando un espermatozoide masculino fecunda un óvulo femenino. Aunque éste es el inicio del milagro que representa traer un niño al mundo, los preparativos para el embarazo deberían iniciarse mucho antes. Los hijos cambian mucho la vida de las parejas. Éstas se deben plantear los reajustes económicos y sociales que se verán forzadas a realizar. Ambos deben asumir un papel activo para asegurar el nacimiento de un niño sano, haciendo elecciones sensatas respecto a su propia salud y estilo de vida. Para proporcionar al niño la posibilidad de un comienzo de vida sano, es aconsejable consultar con el médico las medidas positi-

vas que se pueden adoptar inmediatamente antes del embarazo (por ejemplo, una dieta equilibrada, mantener una buena forma física y dejar de fumar y beber). Si los futuros padres sospechan que su hijo podría nacer con una enfermedad o un trastorno genético (hereditario), deben buscar consejo médico antes de decidir un embarazo. También es importante el consejo médico cuando uno de los padres sufre una enfermedad crónica, diabetes, por ejemplo. Con los cuidados prenatales apropiados, las mujeres diabéticas pueden reducir espectacularmente las posibilidades de que su hijo presente anormalidades. Aunque no se tengan motivos para temer irregularidades, se debe concertar una cita con el médico en cuanto se tiene la sospecha de un embarazo. Los primeros 3 meses de la gestación son muy importantes ya que todos los principales órganos del niño se desarrollan durante este tiempo. Las mujeres que buscan atención médica desde el principio del embarazo –y que siguen un programa de visitas regulares– tienen menos posibilidades de presentar trastornos de salud y más probabilidades de tener hijos sanos. Resumiendo en el apartado PROCESO REPRODUCTOR, el lector encontrará cumplida información acerca del funcionamiento de los distintos órganos que participan en el acto de la reproducción y del cuidado que habría que tener con ellos. En el siguiente apartado, PLANIFICACIÓN DEL EMBARAZO, el lector hallará las indicaciones para planificar un embarazo normal, poniendo el acento en la observación irrestricta de una buena y equilibrada dieta y en la idea de que la vida sana es la mejor garantía de tener un hijo sano.

PROCESO REPRODUCTOR

El proceso reproductor humano consiste en la unión de dos células (un óvulo femenino y un espermatozoide masculino). Esta unión se llama fecundación y constituye el punto de partida del desarrollo y nacimiento de un nuevo ser humano. El nuevo individuo, único, hereda la mitad de sus características genéticas del óvulo materno y la otra mitad del espermatozoide paterno.

La anatomía y las funciones de los órganos reproductores humanos permiten que el espermatozoide fecunde el óvulo en el interior del cuerpo femenino. El óvulo fecundado se nutre y evoluciona desde un diminuto embrión a un feto. El feto crece y madura dentro del útero hasta que es capaz de sobrevivir fuera del cuerpo materno.

La reproducción humana implica una notable serie de procesos tanto en el hombre como en la mujer. En las páginas siguientes, se describen las funciones de los órganos reproductores masculinos y femeninos y el proceso de fecundación.

ÓRGANOS REPRODUCTORES FEMENINOS

Los órganos que componen el sistema reproductor femenino (llamados órganos genitales) tienen capacidad para producir y nutrir óvulos, haciendo posible la creación de una nueva vida.

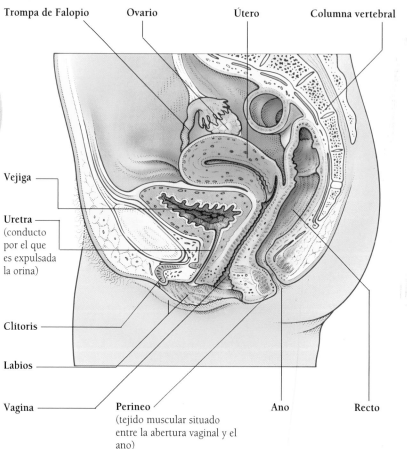

Ovario
Cada ovario está formado por una glándula plana y en forma de almendra, de aproximadamente 1,5 cm de longitud. Los ovarios producen las hormonas estrógeno y progesterona y contienen los sacos hísticos llamados folículos, en cuyo interior se desarrollan los óvulos.

Situación de los órganos reproductores femeninos
La figura inferior muestra los órganos reproductores femeninos en relación con otras estructuras internas del abdomen femenino.

Trompa de Falopio — Ovario — Útero — Columna vertebral

Vejiga

Uretra
(conducto
por el que
es expulsada
la orina)

Clítoris

Labios

Vagina — Perineo
(tejido muscular situado
entre la abertura vaginal y el
ano) — Ano — Recto

Diversas formas de reproducción
No todas las especies producen descendientes vivos, como los mamíferos. Después de su apareamiento, por ejemplo, las aves hembra ponen huevos fecundados por el macho; los polluelos se van formando en el interior de un cascarón protector, pero fuera del cuerpo de la hembra.

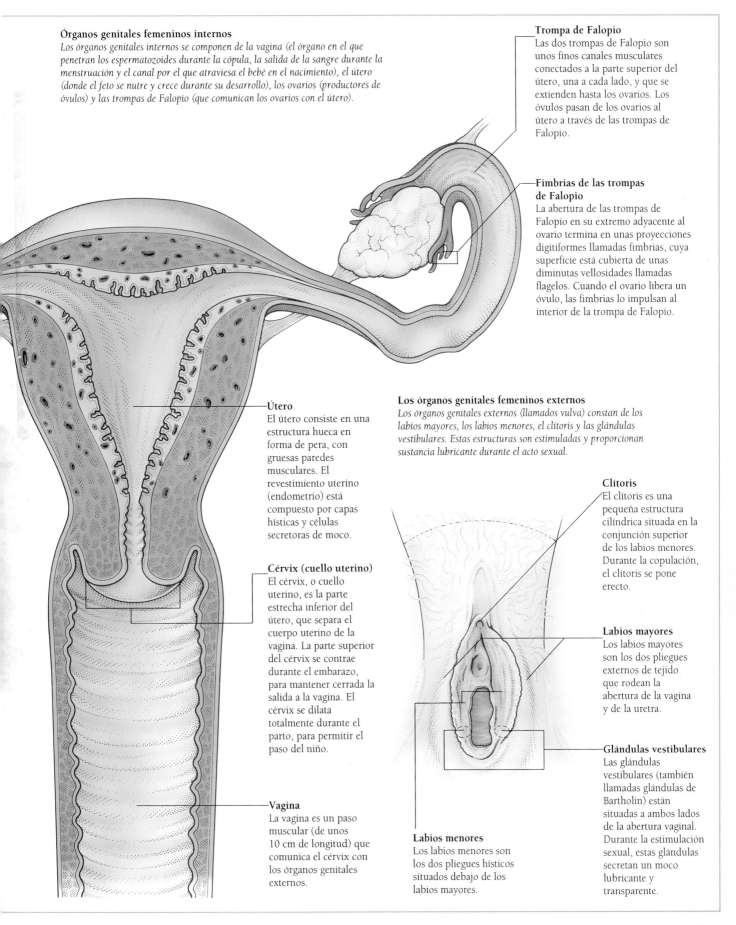

Órganos genitales femeninos internos
Los órganos genitales internos se componen de la vagina (el órgano en el que penetran los espermatozoides durante la cópula, la salida de la sangre durante la menstruación y el canal por el que atraviesa el bebé en el nacimiento), el útero (donde el feto se nutre y crece durante su desarrollo), los ovarios (productores de óvulos) y las trompas de Falopio (que comunican los ovarios con el útero).

Trompa de Falopio
Las dos trompas de Falopio son unos finos canales musculares conectados a la parte superior del útero, una a cada lado, y que se extienden hasta los ovarios. Los óvulos pasan de los ovarios al útero a través de las trompas de Falopio.

Fimbrias de las trompas de Falopio
La abertura de las trompas de Falopio en su extremo adyacente al ovario termina en unas proyecciones digitiformes llamadas fimbrias, cuya superficie está cubierta de unas diminutas vellosidades llamadas flagelos. Cuando el ovario libera un óvulo, las fimbrias lo impulsan al interior de la trompa de Falopio.

Útero
El útero consiste en una estructura hueca en forma de pera, con gruesas paredes musculares. El revestimiento uterino (endometrio) está compuesto por capas hísticas y células secretoras de moco.

Cérvix (cuello uterino)
El cérvix, o cuello uterino, es la parte estrecha inferior del útero, que separa el cuerpo uterino de la vagina. La parte superior del cérvix se contrae durante el embarazo, para mantener cerrada la salida a la vagina. El cérvix se dilata totalmente durante el parto, para permitir el paso del niño.

Vagina
La vagina es un paso muscular (de unos 10 cm de longitud) que comunica el cérvix con los órganos genitales externos.

Los órganos genitales femeninos externos
Los órganos genitales externos (llamados vulva) constan de los labios mayores, los labios menores, el clítoris y las glándulas vestibulares. Estas estructuras son estimuladas y proporcionan sustancia lubricante durante el acto sexual.

Clítoris
El clítoris es una pequeña estructura cilíndrica situada en la conjunción superior de los labios menores. Durante la copulación, el clítoris se pone erecto.

Labios mayores
Los labios mayores son los dos pliegues externos de tejido que rodean la abertura de la vagina y de la uretra.

Glándulas vestibulares
Las glándulas vestibulares (también llamadas glándulas de Bartholin) están situadas a ambos lados de la abertura vaginal. Durante la estimulación sexual, estas glándulas secretan un moco lubricante y transparente.

Labios menores
Los labios menores son los dos pliegues hísticos situados debajo de los labios mayores.

CÓMO SE PRODUCEN LOS ÓVULOS

Cuando nace una niña, sus ovarios contienen entre 700.000 y 2 millones de óvulos, una reserva para toda la vida. Cada uno de estos óvulos –llamados oocitos primarios– está rodeado de una capa de células llamadas granulosas. El conjunto de esta estructura se denomina folículo primario. La mayoría de los folículos primarios degeneran gradualmente, antes de que la niña alcance la pubertad. Al inicio de la pubertad, perviven entre 200.000 y 400.000 folículos primarios.

En la pubertad, empiezan a producirse cambios hormonales cada 28 días, que estimulan hasta un 25% de los folículos primarios para que maduren y se transformen en folículos secundarios; sólo un folículo primario (en ocasiones, dos) alcanza plena madurez cada mes y libera un oocito secundario del ovario. Es el proceso llamado ovulación.

MADURACIÓN Y LIBERACIÓN DEL ÓVULO

Cuando la niña llega a la pubertad, la glándula pituitaria, localizada en la base del cerebro, empieza a secretar periódicamente mayores niveles de hormona foliculoestimulante (FSH) y hormona luteinizante (LH). Estas hormonas llegan a los ovarios a través del riego sanguíneo y coordinan la maduración del óvulo y su liberación del ovario (ovulación).

Cerebro

Glándula pituitaria

FSH

LH

Ovarios

FSH

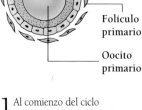

Folículo secundario

Células granulosas

Folículo primario

Oocito primario

2 A medida que las células que rodean el oocito primario (granulosas) se multiplican y forman capas sucesivas, el folículo primario en proceso de maduración aumenta de tamaño. Esta estructura multiestratificada se llama ahora folículo secundario.

1 Al comienzo del ciclo menstrual (véase pág. 13), la hormona foliculoestimulante (FSH) producida por la glándula pituitaria estimula el desarrollo de algunos de los folículos primarios (que contienen oocitos primarios) en los ovarios. Normalmente, sólo un folículo primario alcanza el estadio final de maduración.

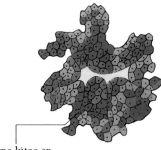

Cuerpo lúteo en proceso de descomposición

7 En caso de producirse la fecundación (véase pág. 16), el cuerpo lúteo sigue secretando hormonas durante todo el embarazo. Si no se produce la fecundación, el cuerpo lúteo empieza a descomponerse a los 10 o 12 días de la liberación del óvulo.

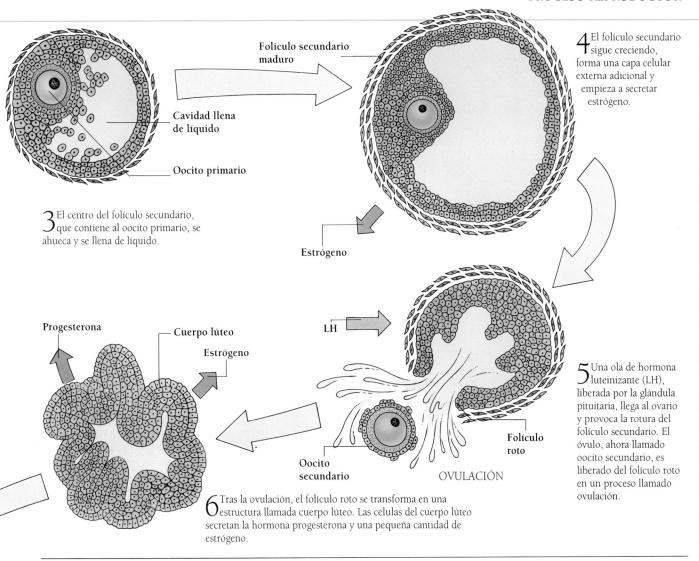

Folículo secundario maduro

Cavidad llena de líquido

Oocito primario

3 El centro del folículo secundario, que contiene al oocito primario, se ahueca y se llena de líquido.

Estrógeno

4 El folículo secundario sigue creciendo, forma una capa celular externa adicional y empieza a secretar estrógeno.

Progesterona

Cuerpo lúteo

Estrógeno

LH

Folículo roto

Oocito secundario

OVULACIÓN

5 Una ola de hormona luteinizante (LH), liberada por la glándula pituitaria, llega al ovario y provoca la rotura del folículo secundario. El óvulo, ahora llamado oocito secundario, es liberado del folículo roto en un proceso llamado ovulación.

6 Tras la ovulación, el folículo roto se transforma en una estructura llamada cuerpo lúteo. Las células del cuerpo lúteo secretan la hormona progesterona y una pequeña cantidad de estrógeno.

CICLO MENSTRUAL

Cambios en el útero

La menstruación es el cambio del revestimiento del útero (llamado endometrio) cada 28 días. El ciclo menstrual funciona de tal modo que, cuando una mujer ovula, el útero está preparado para nutrir al embrión en el caso de que alguno de sus óvulos resulte fertilizado. Si se produce la fertilización, la mujer dejará de tener ciclos menstruales durante el embarazo.

1 La menstruación, el período de hemorragia vaginal que se produce cuando el endometrio se disuelve y es expulsado, dura del día 1 al día 4 o 5 del ciclo.

2 Tras la menstruación, los folículos liberan el estrógeno hormonal en los ovarios y dan lugar a un engrosamiento del endometrio antes de la ovulación.

3 La ovulación suele producirse alrededor del día 15 del ciclo. El aumento de producción de progesterona y estrógeno estimula el posterior engrosamiento del endometrio.

4 Si no se produce la fecundación, los niveles de progesterona y estrógeno disminuyen. El endometrio se destruye después del día 24 o 25 del ciclo, y es expulsado.

Engrosamiento del endometrio

Destrucción del endometrio

Menstruación

Vasos sanguíneos

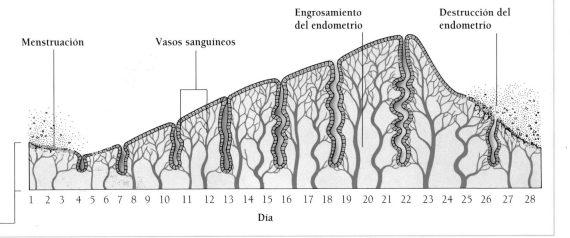

1 2 3 4 5 6 7 8 9 10 11 12 13 14 15 16 17 18 19 20 21 22 23 24 25 26 27 28

Día

Endometrio

ÓRGANOS REPRODUCTORES MASCULINOS

Los órganos reproductores masculinos se componen de los testículos (donde se produce el esperma), los vasos deferentes (que transportan el esperma de cada testículo a la uretra, el conducto por el que son expulsados del cuerpo la orina y el semen), las vesículas seminales y las glándulas prostática y bulbouretral (que producen la mayor parte de los líquidos, el denominado líquido seminal, que se mezcla con el esperma y forma el semen), y el pene (a través del cual es eyaculado el esperma en el curso del acto sexual).

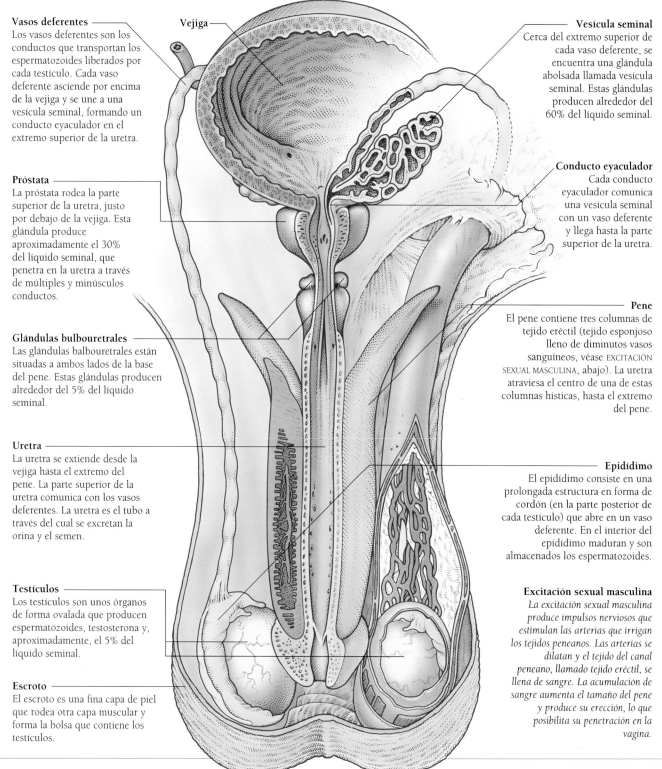

Vasos deferentes
Los vasos deferentes son los conductos que transportan los espermatozoides liberados por cada testículo. Cada vaso deferente asciende por encima de la vejiga y se une a una vesícula seminal, formando un conducto eyaculador en el extremo superior de la uretra.

Próstata
La próstata rodea la parte superior de la uretra, justo por debajo de la vejiga. Esta glándula produce aproximadamente el 30% del líquido seminal, que penetra en la uretra a través de múltiples y minúsculos conductos.

Glándulas bulbouretrales
Las glándulas balbouretrales están situadas a ambos lados de la base del pene. Estas glándulas producen alrededor del 5% del líquido seminal.

Uretra
La uretra se extiende desde la vejiga hasta el extremo del pene. La parte superior de la uretra comunica con los vasos deferentes. La uretra es el tubo a través del cual se excretan la orina y el semen.

Testículos
Los testículos son unos órganos de forma ovalada que producen espermatozoides, testosterona y, aproximadamente, el 5% del líquido seminal.

Escroto
El escroto es una fina capa de piel que rodea otra capa muscular y forma la bolsa que contiene los testículos.

Vejiga

Vesícula seminal
Cerca del extremo superior de cada vaso deferente, se encuentra una glándula abolsada llamada vesícula seminal. Estas glándulas producen alrededor del 60% del líquido seminal.

Conducto eyaculador
Cada conducto eyaculador comunica una vesícula seminal con un vaso deferente y llega hasta la parte superior de la uretra.

Pene
El pene contiene tres columnas de tejido eréctil (tejido esponjoso lleno de diminutos vasos sanguíneos, véase EXCITACIÓN SEXUAL MASCULINA, abajo). La uretra atraviesa el centro de una de estas columnas hísticas, hasta el extremo del pene.

Epidídimo
El epidídimo consiste en una prolongada estructura en forma de cordón (en la parte posterior de cada testículo) que abre en un vaso deferente. En el interior del epidídimo maduran y son almacenados los espermatozoides.

Excitación sexual masculina
La excitación sexual masculina produce impulsos nerviosos que estimulan las arterias que irrigan los tejidos peneanos. Las arterias se dilatan y el tejido del canal peneano, llamado tejido eréctil, se llena de sangre. La acumulación de sangre aumenta el tamaño del pene y produce su erección, lo que posibilita su penetración en la vagina.

CÓMO SE PRODUCEN LOS ESPERMATOZOIDES

La producción de espermatozoides comienza en la pubertad. Un hombre sano produce casi 100 millones de espermatozoides al día (aproximadamente 1.000 espermatozoides por segundo).

1 Los espermatozoides son producidos y pasan los primeros estadios de su desarrollo en el interior de los túbulos seminíferos de los testículos. Agrupaciones celulares del tejido que rodea los túbulos secretan la hormona testosterona, necesaria para la producción y desarrollo de los espermatozoides.

Epidídimo

Conductillos eferentes

Red testicular

Túbulos seminíferos

Testículo

Estructura de los testículos
Una serie de paredes fibrosas divide cada testículo en 300 o 400 compartimentos. Cada compartimento contiene entre uno y tres conductos helicoidales, los túbulos seminíferos, productores de esperma.

2 Los espermatozoides salen de los túbulos seminíferos y se introducen en una red de canales llamada red testicular.

3 Desde la red testicular, los espermatozoides penetran en unos largos conductos helicoidales, llamados conductillos eferentes. Los conductillos eferentes están contenidos en el epidídimo, situado en la parte posterior de cada testículo. Los espermatozoides maduran en los conductillos eferentes del epidídimo.

Compartimentos

Espermatozoide inmaduro

Acrosoma

Vaso deferente

Túbulo seminífero

Cómo se produce la eyaculación
La eyaculación (expulsión forzada del semen desde el pene) es desencadenada por señales nerviosas emitidas por el cerebro y la médula espinal. Estas señales producen contracciones en los conductos de los órganos reproductores. La válvula que hay en la abertura de la uretra en la vejiga se contrae, impidiendo el paso de la orina en la uretra. Los espermatozoides maduros de los conductillos eferentes atraviesan los vasos deferentes y penetran en la parte superior de la uretra. Con los espermatozoides se mezcla el líquido seminal de las vesículas seminales, la próstata y las glándulas bulbouretrales (formando el semen). La acumulación de semen en el extremo superior de la uretra produce la contracción rítmica de los músculos de la base del pene y la propulsión del semen al exterior.

Cabeza

Espermatozoide maduro
Los espermatozoides maduros poseeen una cabeza y una estructura a modo de cola, el flagelo. El flagelo propulsa al espermatozoide. La cabeza del espermatozoide contiene el material genético masculino y está cubierta de una estructura llamada acrosoma. El acrosoma contiene enzimas que ayudan al espermatozoide a atravesar la pared de los óvulos.

Flagelo (cola)

¿Qué puede ir mal?
Aproximadamente el 20% de los espermatozoides producidos por un hombre sano presentan algún defecto. La producción anormal de hormonas masculinas, los defectos estructurales de los espermatozoides o las lesiones de los órganos reproductores, pueden interferir en la producción de esperma o su paso a través de los testículos. La causa de los espermatozoides defectuosos, como el espermatozoide bicéfalo de la figura (ampliación x 1.100), es casi siempre desconocida.

FECUNDACIÓN DEL ÓVULO

El embarazo comienza con la unión de un óvulo y un espermatozoide (es el proceso llamado fecundación), seguido de la implantación del óvulo fecundado en la pared uterina (hecho que se conoce como concepción).

2 Sólo unos 200 espermatozoides logran sobrevivir el resto de su viaje y llegan a la parte superior de las trompas de Falopio, donde se produce la fecundación.

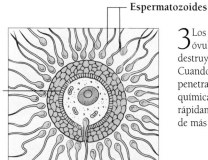

Espermatozoides

Capa exterior del óvulo

3 Los espermatozoides que llegan al óvulo secretan una enzima que destruye la capa exterior del óvulo. Cuando un único espermatozoide ha penetrado en el óvulo, la composición química de su capa exterior se altera rápidamente, lo que impide la penetración de más espermatozoides.

Trompa de Falopio

Núcleos fusionados — **Cigoto**

Óvulo

Ovario

4 Cuando el espermatozoide ha penetrado en el óvulo, la cola se separa de la cabeza. El núcleo de la cabeza del espermatozoide se fusiona con el núcleo del óvulo, formando un óvulo fecundado. El óvulo fecundado se llama cigoto.

Espermatozoides

Útero

HERENCIA GENÉTICA

En el momento de la fecundación, se crea un conjunto de genes único, la mitad del espermatozoide masculino y la mitad del óvulo femenino. Los genes están contenidos en estructuras pareadas, los cromosomas. El óvulo fecundado tiene un total de 46 cromosomas, 23 pares. Los genes de los cromosomas –que estarán presentes en cada una de las células del cuerpo del feto– tienen todas las características heredadas que determinan el aspecto de la persona y sus funciones vitales.

1 Durante el acto sexual, más de 300 millones de espermatozoides son eyaculados al interior de la vagina. Sólo unos 3 millones atraviesan el cérvix (cuello uterino) para alcanzar el útero; el resto son aniquilados por las secreciones ácidas de la vagina o se pierden con las excreciones del cuerpo femenino.

Cérvix (cuello uterino)

Espermatozoides

Vagina

El lugar adecuado en el momento adecuado
Aunque algunos espermatozoides (figura superior, ampliación x 800) llegan a las trompas de Falopio media hora después de la eyaculación, la mayoría necesitan de 4 a 7 horas. La capacidad fecundadora de los espermatozoides dura entre 24 y 48 horas; los óvulos pueden ser fecundados en un plazo de 12 a 24 horas después de su liberación del ovario (ovulación). La fecundación es más probable cuando el acto sexual se produce entre 2 días antes y 1 día después de la ovulación.

DE ÓVULO FECUNDADO A EMBRIÓN

Inmediatamente después de la fecundación del óvulo y antes de que sea implantado en el endometrio (revestimiento del útero), se produce una intrincada serie de acontecimientos mientras el óvulo fecundado desciende por la trompa de Falopio hacia el útero.

2 Las células del cigoto siguen dividiéndose rápidamente. Tres a cuatro días después de la fecundación, el cigoto ha formado un sólido complejo celular, la denominada mórula.

CÓMO SE FORMAN LOS GEMELOS

En algunos casos, el óvulo fecundado se divide en dos cigotos que dan lugar a dos gemelos idénticos. Los gemelos tendrán el mismo sexo y serán genéticamente idénticos. Si el ovario libera dos óvulos y éstos son fertilizados por espermatozoides distintos, el resultado son gemelos bicigóticos (no idénticos). Los gemelos bicigóticos pueden tener el mismo sexo o sexos distintos.

Cigoto

Mórula

1 En las 24 horas siguientes a la fecundación, el óvulo fecundado (cigoto) se divide en dos células.

3 Las células de la mórula siguen dividiéndose. La mórula se transforma en una estructura llamada blastocisto. El blastocisto tiene una cavidad llena de líquido y un grupo celular en un extremo. Este complejo celular formará al embrión. La capa celular exterior del blastocisto se llama trofoblasto.

Complejo celular

Blastocisto

Trofoblasto

Cavidad llena de líquido

Complejo celular

Trofoblasto

CÓMO SE DETERMINA EL SEXO

El sexo del feto queda determinado por un único par de cromosomas, los cromosomas sexuales. Las mujeres tienen dos cromosomas sexuales prácticamente idénticos, llamados cromosomas X. Los hombres tienen un cromosoma X y otro, más pequeño, llamado cromosoma Y.

¿Niño o niña?
El espermatozoide y el óvulo aportan la mitad de los cromosomas sexuales cada uno. Cada espermatozoide tiene un cromosoma X o un cromosoma Y. Cada óvulo tiene un cromosoma X. Si el óvulo es fecundado por un espermatozoide con un cromosoma X, el feto tendrá dos cromosomas X y será niña. Si el óvulo es fecundado por un espermatozoide con un cromosoma Y, el feto tendrá un cromosoma X y otro Y y será varón.

Espermatozoide

Espermatozoide

Óvulo

X

X

Y

XX

X Y

Niña

Niño

Endometrio

4 Entre cinco y ocho días después de la fecundación, el blastocisto se adhiere al endometrio. Las células de la capa trofoblástica penetran en el endometrio y se expanden alrededor del complejo celular implantado (el embrión en desarrollo). El trofoblasto formará la placenta y las membranas que rodean al embrión.

PLANIFICACIÓN DEL EMBARAZO

Para proporcionar al niño el mejor comienzo posible en esta vida, la pareja debe empezar a planificar el embarazo al menos 3 meses antes de la concepción. Se pueden tomar varias medidas para aumentar las posibilidades de quedar embarazada y que también serán la mejor garantía de tener un hijo sano.

La decisión de tener un niño es una de las más importantes que se pueden tomar. La pareja debe hablar, planificar y conocer todo lo que hay que saber sobre el embarazo, el parto y la paternidad. También hace falta considerar cuidadosamente los cambios y responsabilidades que lleva consigo la paternidad para la vida de ambos.

Para evaluar los posibles riesgos durante la gestación, consulte su historial médico con el ginecólogo.

LA DECISIÓN DE TENER UN HIJO

Antes de decidir un embarazo, considere los posibles riesgos y piense en el efecto que tendrá el bebé en su forma de vida, su economía y su carrera profesional.

¿Qué efecto tendrá el niño en su economía?
Los niños suponen gastos. La pareja debe discutir los ajustes económicos necesarios después del nacimiento del niño y los efectos de estos ajustes sobre su forma de vida.

¿Y la edad?
El embarazo plantea riesgos a cualquier edad. Aunque los avances médicos han reducido estos riesgos en gran medida, las posibilidades de tener un hijo anormal aumentan conforme avanza la edad de la madre (véase pág. 20). No obstante, el estado general de su salud, la buena forma física y el historial médico, son más importantes que la edad en cuanto a influir en la salud del niño.

¿Qué efecto tendrá el niño sobre su carrera profesional?
Puede haber momentos en su carrera en que le sea más fácil dedicar su tiempo al nacimiento y/o crianza de su hijo. La pareja debe discutir los efectos que la llegada del niño tendrá sobre sus carreras profesionales. ¿Prefiere dejar de trabajar o reincorporarse a su puesto después del parto? Infórmese acerca de las bajas por maternidad y de los servicios de guardería disponibles.

¿Cuál es la actitud de su compañero?
La llegada del niño despierta en la pareja muchas alegrías y esperanzas, pero también temores y preocupaciones. Hable con su compañero de sus sentimientos y las responsabilidades del embarazo. Es muy importante comprender, apoyar y reconfortar, tanto durante el embarazo como después del nacimiento del niño.

EVALUACIÓN DE LA SALUD

Antes de quedarse embarazada, hay que evaluar los hábitos de la salud.

Un estilo de vida sano aumentará notablemente las probabilidades de concepción, contribuye a la reducción de los riesgos durante la gestación y proporciona al niño el mejor comienzo posible en su vida.

Dieta y forma física

Si desea tener un hijo, los hábitos alimentarios sanos y el ejercicio regular son muy importantes. Hay que seguir una dieta bien equilibrada y beber de seis a ocho vasos de líquido al día. Se deben evitar los alimentos con alto contenido en grasas, colesterol, azúcar y sodio. Antes de quedarse embarazada, es mejor mantener el peso dentro de los límites recomendados. El exceso de peso aumenta de forma notable las posibilidades de hipertensión durante el embarazo, especialmente si la mujer tiene más de 35 años.

Es aconsejable consultar con el médico la inclusión de complementos vitamínicos y minerales en la dieta.

Los complementos de ácido fólico (véase abajo) son recomendables para las mujeres con alto riesgo de tener un niño con un defecto del tubo neural (deficiencia del desarrollo del cerebro y la médula espinal).

Ponerse en forma
Las mujeres sanas y en buena forma física, tienen menos trastornos durante el embarazo. Póngase en la mejor forma posible antes de quedarse embarazada. Si no sigue un programa regular de ejercicios, empiece con un nivel moderado de ejercicio (natación o marcha, por ejemplo) y aumente gradualmente el tiempo de ejercicio.

Tabaquismo y alcohol

El tabaquismo reduce la fertilidad en los hombres y las mujeres, posiblemente porque lesiona los óvulos o disminuye la capacidad del espermatozoide para penetrar en el óvulo. El hábito de fumar durante el embarazo puede afectar al crecimiento del feto y aumentar el riesgo de aborto o de niño mortinato. El humo del tabaco afecta al riego sanguíneo de la placenta, lo que hace que los niños de mujeres que fuman (o que viven con un fumador) tengan muy poco peso al nacer. Los niños con bajo peso al nacer suelen tener graves trastornos de salud en los primeros días de su vida.

El consumo de alcohol durante el embarazo aumenta el riesgo de aborto, de parto con niño mortinato y de muerte en la primera infancia. La ingestión excesiva de alcohol durante la gestación –o incluso un único episodio de embriaguez poco después de la concepción– pueden ocasionar el síndrome alcohólico fetal (niños nacidos con anormalidades físicas y mentales).

No tome alcohol
Para evitar todos los posibles riesgos para el desarrollo del feto, debe dejar de tomar bebidas alcohólicas en cuanto decida quedarse embarazada, y abstenerse durante todo el tiempo de la gestación.

Ácido fólico
Los médicos recomiendan que las mujeres con alto riesgo de tener un niño con un defecto del tubo neural (por ejemplo, espina bífida) tomen ácido fólico antes de la concepción y durante los 3 primeros meses del embarazo. Las parejas que se encuentran en este grupo de alto riesgo son las que tienen ellas mismas un defecto del tubo neural, las que han tenido ya un hijo con un defecto de este tipo o las que tienen un pariente próximo con esta enfermedad.

No fume
Si piensa quedarse embarazada, deje de fumar y diga a su compañero que también lo deje él.

EVALUACIÓN DE LOS POSIBLES RIESGOS

Además de adoptar un estilo de vida sano, se deben consultar con el médico los posibles factores de riesgo del historial clínico personal antes de quedarse embarazada.

Efecto de la edad

Aunque las mujeres mayores de 35 años pueden tener más dificultades para concebir, sus posibilidades de tener un niño sano no son significativamente diferentes a las de las mujeres más jóvenes, siempre que sigan las recomendaciones básicas sobre la salud para las embarazadas. Las mujeres mayores de 35 años corren un mayor riesgo de dar a luz a un niño con ciertos defectos congénitos, particularmente el síndro-

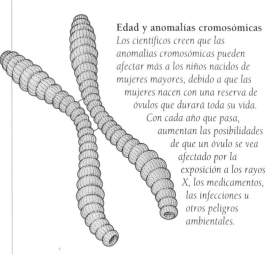

Edad y anomalías cromosómicas
Los científicos creen que las anomalías cromosómicas pueden afectar más a los niños nacidos de mujeres mayores, debido a que las mujeres nacen con una reserva de óvulos que durará toda su vida. Con cada año que pasa, aumentan las posibilidades de que un óvulo se vea afectado por la exposición a los rayos X, los medicamentos, las infecciones u otros peligros ambientales.

me de Down (combinación de retraso mental y anormalías físicas, debido a la presencia de un cromosoma extra). Las mujeres mayores de 35 años también tienen un mayor riesgo de aborto durante el primer trimestre del embarazo.

Estado físico

Algunas enfermedades, tales como la diabetes, la hipertensión y el asma, pueden ser peligrosas tanto para la mujer como para el feto en desarrollo. Para reducir los posibles riesgos derivados de estas enfermedades es esencial el seguimiento precoz y regular del embarazo. Si tiene alguna enfermedad, la mujer debe consultar con su médico antes de intentar quedarse embarazada El médico le puede aconsejar acerca de los cuidados especiales que pudiera necesitar durante el embarazo. También se deben discutir con el médico los posibles efectos para el feto de los medicamentos que se toman.

Cada vez son más las mujeres que tienen hijos a edades más avanzadas
El gran número de mujeres nacidas durante el «boom» de natalidad y la tendencia actual de retrasar el primer embarazo, han contribuido a un incremento del número de mujeres que dan a luz a edades más avanzadas. Se ha calculado que el número total de partos en mujeres de 35 a 49 años aumentará de un 5% en 1982 a casi un 9% en el año 2000.

Inmunización

La infección de rubéola en los primeros meses de la gestación puede producir defectos congénitos graves. Antes de concebir, la mujer debe averiguar si se es inmune a la rubéola. En caso contrario, el médico le administrará una vacuna contra la infección. Tras la vacunación, hay que esperar al menos 3 meses –hasta que la inmunización sea efectiva– antes de intentar quedarse embarazada.

Los médicos recomiendan que todas las mujeres embarazadas se hagan la prueba de la infección por el virus de la hepatitis B. Si pertenece a un grupo de alto riesgo de hepatitis, el médico puede recomendar su vacunación antes de intentar quedarse embarazada.

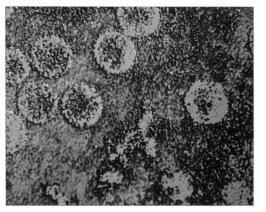

Virus de la hepatitis B
El virus de la hepatitis B (figura de la izquierda, ampliación x 400.000) –uno de los virus causantes de la hepatitis (inflamación del hígado)– puede ser transmitido de la mujer al feto durante el embarazo o al niño durante el parto.

VIH Y SIDA

Si sospecha que puede haber estado expuesta al virus de inmunodeficiencia humana (VIH, el virus causante del SIDA), consulte con su médico antes de quedarse embarazada. Las mujeres embarazadas e infectadas por el VIH pueden transmitir al virus a su hijo. El índice de transmisión durante el embarazo oscila entre un 25 y un 50%.

Trastornos genéticos

Si uno de los miembros de la pareja sufre un trastorno genético (hereditario), si existe historial familiar de trastornos genéticos o si ya se ha tenido un niño que presente un trastorno de este tipo, es aconsejable pedir consejo genético antes de decidirse a tener un hijo. Existen pruebas capaces de detectar los genes defectuosos responsables de algunos trastornos genéticos.

Junto con los patrones hereditarios descritos a continuación, los trastornos genéticos pueden ser transmitidos al feto por un gen defectuoso, llamado dominante. El progenitor con el gen dominante es el que presenta el trastorno. Cada hijo de un progenitor afectado, tiene 1 de 2 probabilidades de sufrirlo también.

¿QUÉ ES UN PORTADOR?

El portador de un trastorno genético tiene el gen del trastorno pero no es afectado por él. El portador puede transmitir el trastorno a sus hijos de dos maneras.

Herencia recesiva
Los trastornos genéticos recesivos sólo se producen cuando el niño hereda dos genes defectuosos (uno de cada progenitor). Normalmente, ambos progenitores son portadores no afectados por el gen defectuoso. Cada uno de sus hijos tiene 1 de cada 4 probabilidades de verse afectado por el trastorno, y 1 de cada 2 de ser, a su vez, portador.

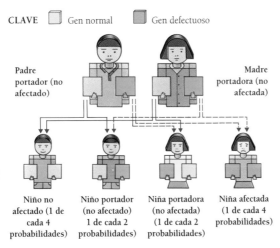

CLAVE ▢ Gen normal ▢ Gen defectuoso

Padre portador (no afectado)

Madre portadora (no afectada)

Niño no afectado (1 de cada 4 probabilidades)

Niño portador (no afectado) 1 de cada 2 probabilidades)

Niña portadora (no afectada) (1 de cada 2 probabilidades)

Niña afectada (1 de cada 4 probabilidades)

Herencia ligada al cromosoma X
Los trastornos ligados al cromosoma X se deben a los defectos del cromosoma X. Las mujeres con un defecto en uno de sus cromosomas X no se ven afectadas porque el defecto queda enmascarado por el otro cromosoma X, el normal; pero el varón que herede el cromosoma X defectuoso, será afectado. Si una mujer tiene este gen defectuoso, todos sus hijos varones tendrán 1 de cada 2 probabilidades de verse afectados; sus hijas tendrán 1 de cada 2 probabilidades de ser portadora.

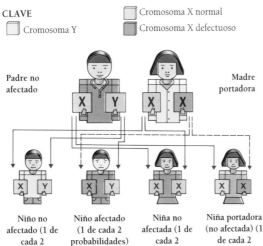

CLAVE ▢ Cromosoma Y ▢ Cromosoma X normal ▢ Cromosoma X defectuoso

Padre no afectado

Madre portadora

Niño no afectado (1 de cada 2 probabilidades)

Niño afectado (1 de cada 2 probabilidades)

Niña no afectada (1 de cada 2 probabilidades)

Niña portadora (no afectada) (1 de cada 2 probabilidades)

PREGUNTE A SU MÉDICO
QUEDARSE EMBARAZADA

P **Tengo tres hijos varones y me gustaría tener una niña la próxima vez. ¿Puedo hacer algo para influir en el sexo de mi hijo?**

R No. Durante siglos, se ha pretendido influir en el sexo del feto a través del régimen alimentario, el momento y frecuencia de las relaciones sexuales o las posturas adoptadas durante el coito. No existen pruebas que apoyen estas afirmaciones. El sexo del niño viene determinado desde el momento de la concepción por un par de cromosomas, uno aportado por la mujer y el otro por el hombre.

P **¿Es cierto que la mujer tiene más probabilidades de quedarse embarazada si permanece echada durante un rato después del coito? ¿Es necesario que la mujer tenga un orgasmo para poder concebir?**

R La postura yacente de la mujer después de la cópula no aumenta en modo alguno las probabilidades de quedarse embarazada. Pocos minutos después de la eyaculación, los espermatozoides más sanos han penetrado en la profundidad de su cuerpo. En cuanto a la segunda pregunta, el orgasmo no influye para nada en las posibilidades de concepción.

P **Mi marido y yo pensamos tener familia. Hace un año, me diagnosticaron una infección vírica, un herpes genital. ¿Qué posibilidades hay de transmitir la infección al feto?**

R Solamente en raras ocasiones se transmite el herpes genital al feto. Aunque la infección puede ser transmitida de la mujer afectada al niño durante el parto vaginal, en muchos casos este tipo de transmisión puede prevenirse. Si presenta una infección activa en el momento del parto, se le practicará una cesárea.

CONCEPCIÓN

Tanto los hombres como las mujeres son fértiles (capaces de reproducir) a partir de la pubertad. Los hombres siguen siendo fértiles hasta edades muy avanzadas; las mujeres hasta la menopausia. Una pareja en el pico de la edad fértil (entre los 20 y los 30 años), que no usa métodos anticonceptivos y tiene relaciones sexuales regulares (al menos una o dos veces por semana), tiene 1 entre 4 o 5 probabilidades de concebir en cada ciclo menstrual. Las probabilidades disminuyen conforme aumenta la edad. La mayoría de las mujeres difícilmente se quedan embarazadas al primer mes después de interrumpir la anticoncepción, pero pueden concebir en un plazo de pocos meses.

Efectos de los anticonceptivos

La mayoría de los métodos de control de la natalidad no afectan a la capacidad de concebir después de su interrupción. Sin embargo, los dispositivos intrauterinos (DIU), pueden producir complicaciones que afecten a la fertilidad. Los DIU aumentan el riesgo de enfermedad inflamatoria pélvica (infección pélvica grave o recurrente) y pueden ser causa de esterilidad. En caso de haber empleado un DIU y no poder concebir transcurridos 6

meses, consulte a su médico. Si ha estado tomando píldoras anticonceptivas, el médico puede recomendarle que deje de tomarlas al menos 3 meses antes de intentar quedarse embarazada. Este intervalo permite la reanudación del ciclo menstrual, lo que facilita calcular el momento de la ovulación.

Tiempo óptimo para la concepción

El momento más propicio para la concepción, es 2 días antes y 1 día después de la ovulación. Para determinar los días de ovulación, se puede emplear un método de registro de los niveles de hormona luteinizante en la orina (que aumentan justo antes de la ovulación) o bien uno de los dos métodos descritos a continuación.

> **AUMENTAR LAS POSIBILIDADES DE CONCEPCION**
>
> La producción y almacenamiento de espermatozoides es mejor cuando la temperatura de los testículos es inferior a la del cuerpo. Las posibilidades de concepción pueden aumentar si el hombre lleva ropa interior y pantalones holgados (que mantienen los testículos apartados de la temperatura del cuerpo) y no se ducha con agua caliente justo antes del coito.

Método del moco cervical

El día de la ovulación se puede determinar examinando las secreciones vaginales a diario. Anote los cambios de cantidad, aspecto y textura del moco. Antes de la ovulación, el moco es viscoso y se rompe con facilidad si se aprieta entre los dedos. Justo antes y durante unos 3 días después de la ovulación, la cantidad de moco se multiplica por 20, su textura se hace más fluida y se deshace con más facilidad.

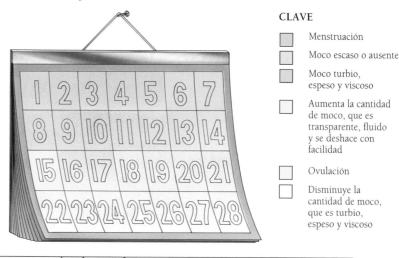

CLAVE

- Menstruación
- Moco escaso o ausente
- Moco turbio, espeso y viscoso
- Aumenta la cantidad de moco, que es transparente, fluido y se deshace con facilidad
- Ovulación
- Disminuye la cantidad de moco, que es turbio, espeso y viscoso

Método de la temperatura

Para determinar el momento de la ovulación se toma la temperatura antes de levantarse por la mañana anotándola en un gráfico. Emplee un termómetro basal, marcado con fracciones de grado. En la mayoría de las mujeres, la temperatura corporal aumenta algo inmediatamente después de la ovulación y se mantiene en ese nivel hasta justo antes de la menstruación. En el gráfico de abajo se ilustran los cambios típicos de la temperatura durante el ciclo menstrual.

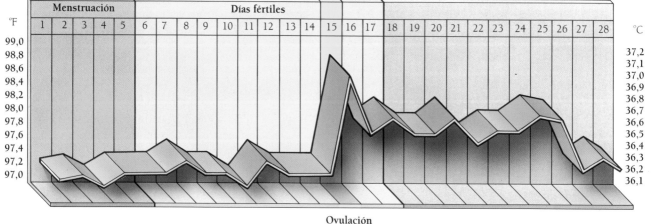

CASO CLÍNICO
DIFICULTADES PARA CONCEBIR

EUGENIA Y DOMINGO llevaban más de un año intentando formar una familia, pero Eugenia no se quedaba embarazada. Puesto que ella había dejado de tomar píldoras anticonceptivas hacía más de año y medio, la pareja empezó a preocuparse por si hubiera algún problema. Eugenia concertó una cita con su ginecólogo.

DATOS PERSONALES
Nombres: Eugenia Nacarino Sánchez y Domingo Palau Guitart
Edades: Eugenia tiene 32 años; Domingo 33.
Ocupaciones: Eugenia es ejecutiva de publicidad; Domingo, corredor de bolsa.
Familia: La madre de Eugenia tiene buena salud; su padre murió de un ataque al corazón hace un año. Los padres de Domingo están bien.

HISTORIAL MEDICO
Ni Eugenia ni Domingo han tenido enfermedades importantes. Los períodos menstruales de Eugenia son regulares. Visita regularmente a su ginecólogo para hacerse exploraciones pélvicas y frotis Papanicolaou, que siempre han sido normales.

EN LA CONSULTA
Eugenia confía sus preocupaciones al ginecólogo. El médico realiza un examen físico y una exploración pélvica y le dice que no detecta ningún trastorno, pero que la esterilidad puede afectar tanto a la mujer como al hombre, por lo que recomienda que Domingo sea examinado por su médico y que él y Eugenia vengan juntos a su consulta.

El ginecólogo se alegra de saber que el examen de Domingo fue normal. Pregunta a los dos detalles acerca de su historial médico y de su forma de vida y descubre que ambos beben y fuman, que rara vez toman comidas equilibradas y que no hacen ejercicio de forma regular. Y lo que es más importante: puesto que los trabajos de ambos implican muchos desplaza-

mientos, Eugenia y Domingo rara vez disponen de tiempo para mantener relaciones sexuales.

DIAGNÓSTICO
El médico sospecha que la esterilidad de Eugenia y Domingo se debe más a su FORMA DE VIDA POCO SANA Y A LA ESCASEZ DE CONTACTOS SEXUALES que a alguna anomalía.

CONSEJO
El ginecólogo les recomienda que dejen de fumar y de beber alcohol, y que sigan una dieta equilibrada; además de hacer ejercicio regularmente. El médico explica a Eugenia cómo tomarse y anotar su temperatura diaria y cómo debe examinar sus secreciones vaginales para poder determinar el día de ovulación. Los días inmediatamente anteriores y posteriores a la ovulación, son los más propicios para quedarse embarazada.

Eugenia y Domingo vuelven al ginecólogo al cabo de un mes, y le dicen que se sienten mucho mejor desde que siguen sus recomendaciones. Eugenia ha descubierto que su temperatura sube el día 14

del ciclo menstrual y que, más o menos al mismo tiempo, cambia la consistencia de las secreciones vaginales. El médico les explica que sus posibilidades de concepción aumentarán si mantienen relaciones sexuales aproximadamente el día 13 del ciclo menstrual de Eugenia y les recomienda que la relación sexual en los días adecuados de cada mes, sea una de las prioridades de sus programas.

RESULTADO
Al cabo de cuatro meses, Eugenia se queda embarazada. Ella y su marido están muy contentos y empiezan a hacer planes para la llegada de su hijo.

Preparativos
Eugenia y Domingo hacen un esfuerzo por comer mejor y deciden ir andando al trabajo, en vez de hacerlo en coche. Ambos dejan de fumar. Ella deja de beber alcohol; y él toma un vaso de vino en alguna ocasión.

CAPÍTULO DOS

UN EMBARAZO SANO

INTRODUCCIÓN

CONFIRMACIÓN DEL EMBARAZO

DESARROLLO DEL FETO

CAMBIOS EN EL CUERPO DE LA MUJER

APESAR DE TODOS los planes que se hagan para preparar una familia, casi todas las parejas experimentan sentimientos confusos cuando la mujer se queda embarazada. El descubrimiento de la gestación de una nueva vida puede ser perturbador. A la vez que una gran alegría, los futuros padres pueden sentir preocupación por la salud del niño, por su capacidad de ser buenos padres, su situación económica y por el impacto que tendrá el niño sobre su relación de pareja. Estos sentimientos son normales. Uno y otro necesitan compartirlos y ayudarse mutuamente a comprender y afrontar las inquietudes del otro. La comunicación les ayudará a relajarse, a disfrutar de la experiencia de la paternidad en ciernes y a celebrar el inicio de una nueva vida. A la mujer le pueden preocupar los cambios físicos que sufrirá su cuerpo, especialmente si se trata de su primer embarazo. La comprensión del cómo y el porqué de estos cambios contribuirá al alivio de sus temores. Las clases prenatales, los libros sobre el embarazo y las explica-

ciones del médico enseñarán cómo esperar. Los cuidados prenatales deben comenzar cuanto antes una vez confirmado el embarazo, a fin de que sea posible identificar y tratar los trastornos potenciales en caso necesario. Aunque antes los embarazos constituían un estado de alto riesgo, actualmente la mayoría evoluciona con naturalidad y normalidad. El embarazo es una experiencia única y personal. No hay dos mujeres idénticas y cada embarazo sigue un curso distinto, con acontecimientos importantes producidos en momen-

tos distintos. Una mujer no tiene porqué sentirse alarmada si no ha experimentado ciertos cambios o síntomas descritos en este capítulo. La mayoría de las mujeres se sienten bien durante el embarazo y los posibles síntomas desagradables suelen desaparecer hacia la duodécima semana de la gestación. En este capítulo se describen los signos que pueden indicar un embarazo, y se enumeran las pruebas que la mujer y el médico pueden realizar para su confirmación. Se indican dos métodos que pueden servir para determinar la fecha del nacimiento del niño, y se dan algunos consejos razonables y reconfortantes respecto a lo que cabe esperar en los primeros meses del embarazo. El feto que crece dentro de la mujer experimenta cambios milagrosos. Se explica esta evolución y los cambios que experimentará el cuerpo materno para prepararse al parto. En la sección final de este capítulo se discuten muchos de los síntomas y cuadros que suelen afectar a las mujeres embarazadas y se ofrecen consejos interesantes para aliviar algunas de estas molestias transitorias. También se llama la atención sobre los signos de advertencia de algunos trastornos que requieren atención médica inmediata. Resumiendo, en los apartados que conforman este capítulo, el lector interesado en los temas que tengan relación con el embarazo, encontrará todo lo que diga referencia a la confirmación del embarazo, así como el desarrollo sano y normal del feto y a los cambios que se efectúan en el cuerpo de la mujer durante el embarazo, cambios a los que hay que dar la debida atención.

CONFIRMACIÓN DEL EMBARAZO

ALGUNAS MUJERES saben cuándo están embarazadas, se sienten «diferentes». Esta sensación de estar embarazada antes de la aparición de signos físicos quizá se deba a la secreción de hormonas en los primeros estadios de la gestación. Estas hormonas no sólo causan cambios físicos en el cuerpo sino que pueden afectar también a las emociones.

El primer signo del embarazo suele ser la interrupción de la menstruación o la hinchazón e hipersensibilidad de las mamas. Otros signos tempranos del embarazo son las náuseas y los vómitos, la fatiga y la necesidad de orinar con frecuencia. Cada mujer es un ser diferente y puede experimentar uno cualquiera o todos estos síntomas a la vez. Tan pronto como se sospeche un embarazo, se debe ir al médico para su confirmación (véase PRUEBAS DEL EMBARAZO, pág. 28).

PRIMEROS SIGNOS DEL EMBARAZO

Incluso antes de la interrupción de la menstruación se pueden percibir cambios en los senos, que se notan hinchados e hipersensibles, con sensación de hormigueo e irritación en los pezones. Es el aumento de la producción de la hormona progesterona lo que produce estos cambios en las mamas. En la figura de la derecha se explican otros posibles signos tempranos de embarazo.

Vómitos matutinos del embarazo (emesis gravídica)
Algunas investigaciones sugieren que la producción de la hormona gonadotropina coriónica humana durante el embarazo puede estimular la parte del cerebro que controla las náuseas y los vómitos, produciendo la indisposición matutina llamada emesis gravídica (náuseas del embarazo). La emesis gravídica –no siempre confinada a las horas de la mañana– suele aparecer hacia la sexta semana del embarazo (véase CÓMO ALIVIAR LAS NÁUSEAS DEL EMBARAZO, pág. 27).

MAMAS ANTES DEL EMBARAZO MAMAS DURANTE EL EMBARAZO

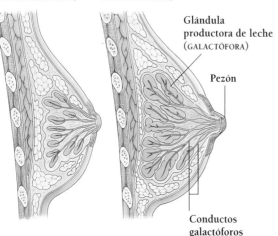

Glándula productora de leche (GALACTÓFORA)

Pezón

Conductos galactóforos

Cambios en las mamas
Las mamas aumentan de tamaño porque las glándulas y los conductos en su interior se preparan para criar al niño cuando nazca. Los pezones se hacen más prominentes y se oscurecen; las venas próximas a la superficie de la piel destacan más.

CÓMO ALIVIAR LAS NÁUSEAS DEL EMBARAZO

Entre el 30 y el 50% de las mujeres embarazadas experimentan náuseas por la mañana. Los siguientes consejos pueden contribuir a aliviarlas.

◆ Beba muchos líquidos, tales como zumos de frutas o verduras, leche, sopas y caldos.

◆ Intente dormir algo más y evite el estrés.

◆ Coma poco y a intervalos frecuentes. El estómago vacío puede producir náuseas. Una comida ligera de alto contenido proteico por la noche o antes de levantarse por la mañana puede ayudar a reducir las náuseas y los vómitos.

◆ Ventile bien la casa para eliminar olores domésticos y de la cocina

◆ Evite las comidas grasas y picantes. Coma mucha fruta y alimentos ricos en proteínas, tales como carne magra y pescado, y complejos de hidratos de carbono (féculas y fibras), tales como verduras y productos integrales.

Cansancio

En algunos casos, el primer indicio del embarazo es una sensación de gran cansancio. Esta fatiga se puede deber a los altos niveles de progesterona producidos durante la gestación. La progesterona actúa como un potente –aunque natural– sedante y tranquilizante.

Desaparición de la menstruación

Normalmente, el primer signo del embarazo es la desaparición de la menstruación. En ocasiones, puede producirse una ligera hemorragia como resultado de la implantación del óvulo fecundado en la pared uterina.

Necesidad frecuente de orinar

Debido a la mayor actividad hormonal y a la presión ejercida por el útero sobre la vejiga durante el embarazo, muchas mujeres tienen necesidad de orinar con mucha más frecuencia de lo normal. Este síntoma puede aparecer ya a la semana siguiente de la concepción.

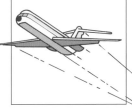

Cambios emocionales

Al principio del embarazo, la mujer puede experimentar muchos cambios emocionales: placer por el niño deseado, ansiedad por su salud o preocupación por la responsabilidad de criar un hijo. Un día puede ser de lágrimas y el siguiente de risas. Algunas de esas emociones son una respuesta normal –y transitoria– al cambio de los niveles hormonales corporales. El apoyo y la comprensión son importantes; hay que hablar con la pareja de estos sentimientos; quizás el compañero esté experimentando las mismas preocupaciones.

CAUSAS DE LA DESAPARICIÓN DE LA MENSTRUACIÓN

El embarazo no es la única causa posible de la interrupción de la menstruación. El retraso o desaparición del período puede deberse a ansiedad, depresión, estrés, conmoción emocional, ciertos medicamentos, anorexia nerviosa (trastorno alimentario), enfermedad, una intervención quirúrgica o un largo viaje en avión.

PRUEBAS DEL EMBARAZO

Las pruebas más comunes para la confirmación del embarazo son tres, y todas se basan en la detección de una hormona denominada gonadotropina coriónica humana (HCG) en la sangre o la orina. En los primeros meses del embarazo, el crecimiento de la placenta produce grandes cantidades de HCG. Esta hormona estimula la producción de estrógeno y progesterona en los ovarios, necesarias para retener el endometrio (revestimiento del útero) en el que crece y se nutre el embrión. Los niveles de HCG empiezan a disminuir después de la 12ª semana de gestación, cuando la placenta ya está desarrollada y es capaz de producir las hormonas necesarias para el crecimiento y desarrollo del feto.

Cuando una mujer cree estar embarazada, puede comprar una prueba de orina para realizar en casa. Las pruebas del embarazo domésticas pueden detectar la HCG desde el primer día de interrupción de la menstruación (posiblemente unos 14 días después de la concepción).

Si el resultado es positivo, debe ir al médico a la mayor brevedad posible para confirmarlo. Si la prueba se realiza incorrectamente o si no se emplea una muestra de la primera orina de la mañana, el resultado puede ser negativo incluso en caso de embarazo real.

Algunas mujeres prefieren que sea el médico quien lleve a cabo la primera prueba del embarazo. El médico envía una muestra de orina al laboratorio, donde se emplean métodos similares a los de las pruebas domésticas.

Las pruebas domésticas presentan un reducido margen de error, pero las pruebas de laboratorio son fiables casi al 100%, y el embarazo puede ser confirmado entre el séptimo o décimo día de la concepción.

El tercer tipo de prueba de embarazo consiste en un análisis de sangre para la detección de la HCG. Esta prueba es la más fiable y puede confirmar un embarazo a los 8 o 10 días de la concepción.

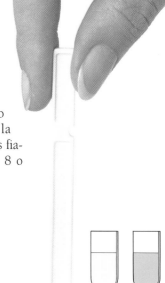

Análisis de sangre
El análisis de sangre para la detección de HCG es una prueba de rutina –la más fiable– para la confirmación del embarazo. El médico también puede analizar la sangre para comprobar si la mujer sufre anemia, sífilis o rubéola, o para determinar el grupo sanguíneo y el factor Rh (véase ANÁLISIS DE SANGRE, pág. 55). Análisis de sangre repetidos pueden ayudar a evaluar un posible embarazo ectópico (véase pág. 86) o anomalías durante la gestación.

Resultado negativo

Resultado positivo

Pruebas del embarazo caseras
Las farmacias venden varios tipos de pruebas del embarazo para realizar en casa. La mayoría incluyen una varita químicamente tratada que se ha de introducir en una muestra de la primera orina de la mañana. Cualquier alteración del color de la varita indica un resultado positivo.

OTRAS PRUEBAS DE CONFIRMACIÓN DEL EMBARAZO

La exploración interna (examen pélvico) forma parte rutinaria de la primera visita para la confirmación del embarazo (véase pág. 53). En algunos casos, puede ser necesaria una ecografía.

Exploración pélvica
La exploración pélvica ayuda al médico a determinar el tamaño del útero y los cambios producidos en él, así como el espacio disponible en la pelvis para el feto. El médico introduce dos dedos en la vagina, presionando suavemente el vientre con la otra mano.

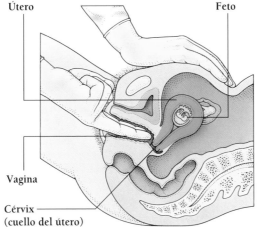

Útero

Feto

Vagina

Cérvix
(cuello del útero)

Ecografía
La ecografía (véase pág. 58) no es un procedimiento rutinario para la confirmación del embarazo, se realiza cuando los resultados de las pruebas anteriores han sido poco claros o contradictorios. La ecografía se realiza también en circunstancias especiales, cuando se sospecha un embarazo ectópico, por ejemplo (véase pág. 86).

ESTIMACIÓN DE LA FECHA DEL PARTO

La duración media de un embarazo, calculada desde el primer día de la última menstruación, es de 280 días (40 semanas). Para calcular la fecha del parto se toma la fecha del primer día de la última menstruación, se le suma 7 y se le restan 3 meses. Por ejemplo, si la última menstruación empezó el 11 de junio, se suman 7 al 11, y se cuentan hacia atrás 3 meses. La fecha aproximada del parto será el 18 de marzo. Este método se basa en ciclos menstruales de 28 días.

Si el ciclo menstrual es más bajo, el parto se producirá, probablemente, con posterioridad a la fecha calculada; si el ciclo es más corto, el parto será anterior a esta fecha (el gráfico de abajo emplea un método ligeramente distinto). Pocos niños nacen exactamente el día previsto. Lo normal es que un embarazo dure entre 37 y 42 semanas.

En ciertas oportunidades, se recurre a una ecografía (véase pág. 58) para calcular la fecha del parto de las mujeres que no recuerdan con certeza cuándo se inició su última menstruación o que tienen ciclos menstruales irregulares.

	1	2	3	4	5	6	7	8	9	10	11	12	13	14	15	16	17	18	19	20	21	22	23	24	25	26	27	28	29	30	31
Ene Oct/Nov	8	9	10	11	12	13	14	15	16	17	18	19	20	21	22	23	24	25	26	27	28	29	30	31	1	2	3	4	5	6	7
Feb Nov/Dic	8	9	10	11	12	13	14	15	16	17	18	19	20	21	22	23	24	25	26	27	28	29	30	1	2	3	4	5			
Mar Dic/Ene	6	7	8	9	10	11	12	13	14	15	16	17	18	19	20	21	22	23	24	25	26	27	28	29	30	31	1	2	3	4	5
Abril Ene/Feb	6	7	8	9	10	11	12	13	14	15	16	17	18	19	20	21	22	23	24	25	26	27	28	29	30	31	1	2	3	4	
Mayo Feb/Mar	5	6	7	8	9	10	11	12	13	14	15	16	17	18	19	20	21	22	23	24	25	26	27	28	1	2	3	4	5	6	7
Junio Mar/Abr	8	9	10	11	12	13	14	15	16	17	18	19	20	21	22	23	24	25	26	27	28	29	30	31	1	2	3	4	5	6	
Julio Abr/Mayo	7	8	9	10	11	12	13	14	15	16	17	18	19	20	21	22	23	24	25	26	27	28	29	30	1	2	3	4	5	6	7
Ago Mayo/Junio	8	9	10	11	12	13	14	15	16	17	18	19	20	21	22	23	24	25	26	27	28	29	30	31	1	2	3	4	5	6	7
Sep Junio/Julio	8	9	10	11	12	13	14	15	16	17	18	19	20	21	22	23	24	25	26	27	28	29	30	1	2	3	4	5	6	7	
Oct Julio/Ago	8	9	10	11	12	13	14	15	16	17	18	19	20	21	22	23	24	25	26	27	28	29	30	31	1	2	3	4	5	6	7
Nov Ago/Sep	8	9	10	11	12	13	14	15	16	17	18	19	20	21	22	23	24	25	26	27	28	29	30	1	2	3	4	5	6		
Dic Sep/Oct	7	8	9	10	11	12	13	14	15	16	17	18	19	20	21	22	23	24	25	26	27	28	29	30	1	2	3	4	5	6	7

Cálculo de la fecha del parto
El gráfico a la izquierda presenta un cálculo de la fecha del parto basado en una cuenta de 40 semanas a partir del primer día de la última menstruación. Busque la fecha del primer día de su último período menstrual en las líneas en negrilla. La fecha que figura debajo de aquélla, es la fecha estimada del parto.

DESARROLLO DEL FETO

EL DESARROLLO DEL FETO se divide en tres estadios (trimestres) de más de 13 semanas de duración cada uno. Al final del primer trimestre, se han desarrollado los órganos principales del feto. Durante el segundo trimestre, el feto crece rápidamente y se empiezan a sentir sus primeros movimientos. Durante el tercer trimestre, el feto sigue creciendo y gana peso. Desde el momento de la concepción hasta la octava semana del embarazo, el óvulo fecundado es llamado embrión. De la octava semana al nacimiento, se denomina feto.

Trofoblasto

Complejo celular

Blastocisto

Revestimiento uterino

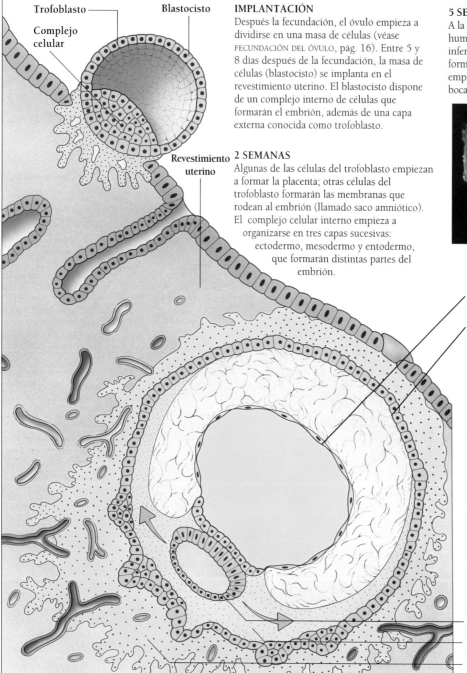

IMPLANTACIÓN

Después la fecundación, el óvulo empieza a dividirse en una masa de células (véase FECUNDACIÓN DEL ÓVULO, pág. 16). Entre 5 y 8 días después de la fecundación, la masa de células (blastocisto) se implanta en el revestimiento uterino. El blastocisto dispone de un complejo interno de células que formarán el embrión, además de una capa externa conocida como trofoblasto.

2 SEMANAS

Algunas de las células del trofoblasto empiezan a formar la placenta; otras células del trofoblasto formarán las membranas que rodean al embrión (llamado saco amniótico). El complejo celular interno empieza a organizarse en tres capas sucesivas: ectodermo, mesodermo y entodermo, que formarán distintas partes del embrión.

5 SEMANAS

A la quinta semana se ha desarrollado el esquema humano básico (véase el embrión de la imagen inferior, ampliación x 41/2). Es el período de formación de los brazos y las piernas. También empiezan a distinguirse los ojos, la nariz y la boca. El cordón umbilical ya está formado.

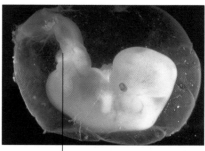

Cordón umbilical

Endodermo

Células formadoras del saco amniótico

Las capas formadoras del embrión

Del ectodermo (la capa externa del complejo celular del interior del blastocisto) se formará el sistema nervioso central del feto, la piel, el pelo, las uñas, el esmalte dental y partes de los órganos sensoriales (nariz, oídos y ojos). Del mesodermo (capa intermedia) se formarán los huesos, los músculos, los cartílagos, los tejidos conjuntivos, el corazón, las células y los vasos sanguíneos y las células y los vasos linfáticos. Del endodermo (capa interna) se formará el sistema digestivo, el sistema respiratorio, la vejiga, las amígdalas, la glándula tiroides, el hígado, el páncreas y las membranas de los tímpanos y de los trompas de Eustaquio.

Ectodermo

Mesodermo

Inicio de la formación de la placenta

SISTEMA DE APOYO VITAL DEL FETO

Mientras se encuentre en el interior del útero, el feto recibe nutrición de la placenta a la que está ligado por el cordón umbilical. El feto flota en el líquido amniótico, contenido dentro de una membrana protectora llamada saco amniótico. La placenta, el cordón umbilical y el líquido amniótico constituyen partes vitales del sistema que mantiene la vida del feto.

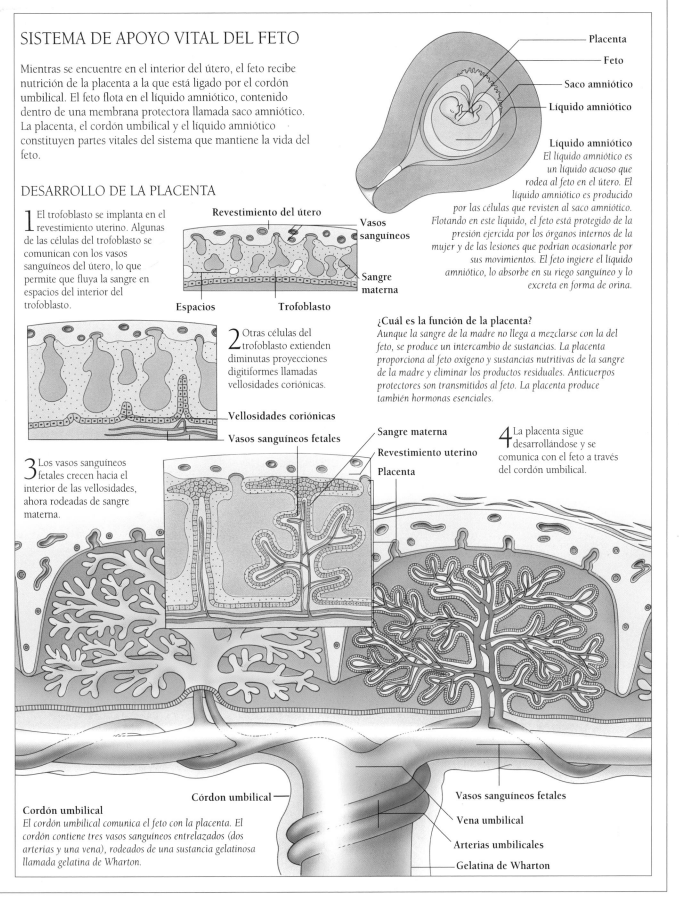

Placenta

Feto

Saco amniótico

Líquido amniótico

Líquido amniótico
El líquido amniótico es un líquido acuoso que rodea al feto en el útero. El líquido amniótico es producido por las células que revisten al saco amniótico. Flotando en este líquido, el feto está protegido de la presión ejercida por los órganos internos de la mujer y de las lesiones que podrían ocasionarle por sus movimientos. El feto ingiere el líquido amniótico, lo absorbe en su riego sanguíneo y lo excreta en forma de orina.

DESARROLLO DE LA PLACENTA

1 El trofoblasto se implanta en el revestimiento uterino. Algunas de las células del trofoblasto se comunican con los vasos sanguíneos del útero, lo que permite que fluya la sangre en espacios del interior del trofoblasto.

Revestimiento del útero

Vasos sanguíneos

Sangre materna

Espacios

Trofoblasto

2 Otras células del trofoblasto extienden diminutas proyecciones digitiformes llamadas vellosidades coriónicas.

Vellosidades coriónicas

Vasos sanguíneos fetales

3 Los vasos sanguíneos fetales crecen hacia el interior de las vellosidades, ahora rodeadas de sangre materna.

¿Cuál es la función de la placenta?
Aunque la sangre de la madre no llega a mezclarse con la del feto, se produce un intercambio de sustancias. La placenta proporciona al feto oxígeno y sustancias nutritivas de la sangre de la madre y eliminar los productos residuales. Anticuerpos protectores son transmitidos al feto. La placenta produce también hormonas esenciales.

Sangre materna

Revestimiento uterino

Placenta

4 La placenta sigue desarrollándose y se comunica con el feto a través del cordón umbilical.

Cordón umbilical

Vasos sanguíneos fetales

Vena umbilical

Arterias umbilicales

Gelatina de Wharton

Córdon umbilical
El cordón umbilical comunica el feto con la placenta. El cordón contiene tres vasos sanguíneos entrelazados (dos arterias y una vena), rodeados de una sustancia gelatinosa llamada gelatina de Wharton.

TAMAÑO REAL

Semanas

- 2
- 3
- 4
- 5
- 6
- 8

6 SEMANAS
Longitud: 1,2 cm
Se está formando la cabeza del embrión y se está desarrollando el cerebro, la columna vertebral y el sistema nervioso. Cuatro pequeñas depresiones de la cabeza se convertirán, posteriormente, en los ojos y los oídos. Se inicia el desarrollo del abdomen y el sistema digestivo; el embrión presenta ahora formas primitivas de mandíbula, boca y estómago. El corazón no es más que un tubo sencillo que se puede percibir como un bulto en la parte anterior del tórax y que empezará a latir al final de la sexta semana. Empiezan a formarse los músculos y, sobre ellos, se inicia el desarrollo de la piel.

8 SEMANAS
Longitud: 2,5 cm
El embrión se llama ahora feto. Todos los órganos internos principales ya están formados. Se distinguen claramente los brazos y las piernas con los hombros, los codos, las caderas y las rodillas. También se distinguen los dedos de las manos y de los pies, aunque todavía están unidos por membranas cutáneas. Se han desarrollado células sanguíneas y la sangre circula por el cuerpo del feto a través de vasos sanguíneos rudimentarios. Los ojos, la nariz y la boca del feto son más reconocibles. Se inicia la formación de las orejas, perceptibles como botones a ambos lados de la cabeza. El feto empieza a moverse.

8 SEMANAS

El misterio del saco vitelino
El saco vitelino (figura superior, ampliación x 2) se forma a partir de una parte del complejo celular que se transforma en el embrión. Algunos expertos creen que el saco vitelino proporciona nutrición, otros que se trata de una fábrica de células sanguíneas y aun otros consideran que el saco vitelino no tiene ninguna función real. Hacia las 11 semanas, el saco vitelino empieza a encogerse y es reabsorbido.

12 SEMANAS
Longitud: 7,5 cm
Peso: 17,5 g
Ahora el feto está adquiriendo una forma de aspecto más humano, aunque su cabeza es demasiado grande en proporción al cuerpo y sus miembros demasiado pequeños. Los dedos están completamente desarrollados y las uñas formadas. El feto puede mover los miembros, doblar los dedos de los pies y realizar movimientos de succión. También están formados los órganos genitales externos.

12 SEMANAS

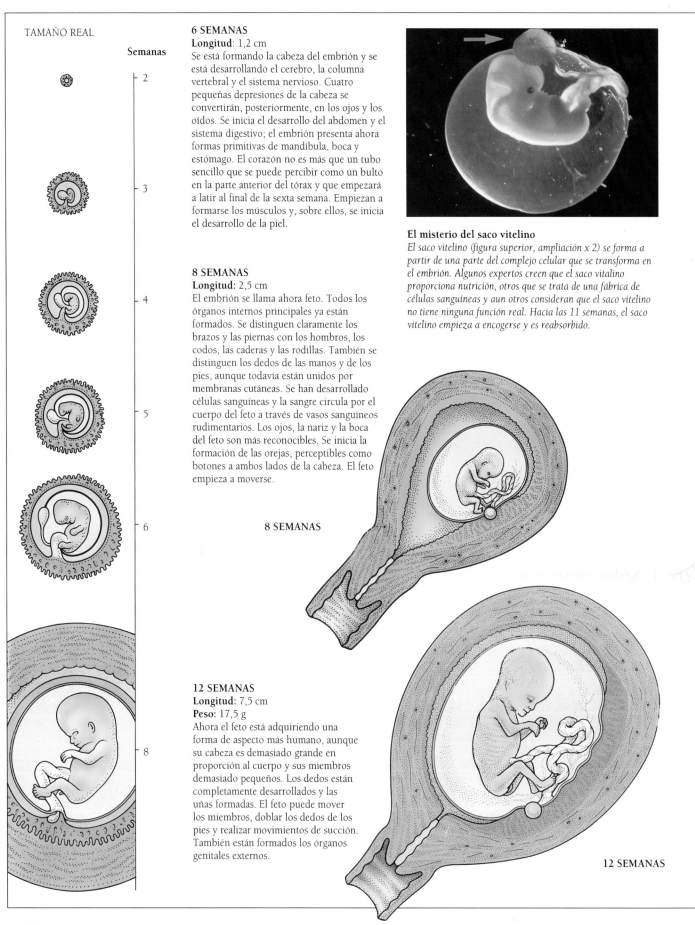

16 SEMANAS
Longitud: 15 cm
Peso: 130 g
Los miembros y las articulaciones del feto están completamente desarrollados y sus músculos se están fortaleciendo. El feto dispone desde ahora de sus propias huellas dactilares. Se producen movimientos vigorosos aunque la madre no siempre los percibe en este temprano estadio. Durante el resto del embarazo, el feto crece y sus órganos internos maduran; su cuerpo se cubre de un fino vello suave (llamado lanugo) y empiezan a crecer las cejas y las pestañas. Los aparatos de ultrasonido pueden ya percibir los latidos de su corazón.

24 SEMANAS
Longitud: 32,5 cm
Peso: 570 g
El feto prosigue su rápido crecimiento, aunque todavía no ha empezado a almacenar grasas. Los ojos protruyen de la cara. El feto es capaz de toser, tener hipo y chuparse el pulgar.

32 SEMANAS
Longitud: 40 cm
Peso: 1.600 g
En proporción al cuerpo, la cabeza ya ha alcanzado el tamaño que tendrá en el momento del parto. El feto empieza a almacenar grasas. Su cuerpo está cubierto por una sustancia sebácea, llamada vernix caseosa, que protege la piel. En la mayoría de los casos, el feto se encuentra con la cabeza orientada hacia la pelvis. La mujer percibe con facilidad sus vigorosos movimientos.

36 SEMANAS
Longitud: 45 cm
Peso: 2,5 kg
El feto ocupa ya la totalidad del útero y la mujer puede sentir sus movimientos con más fuerza. La cabeza puede haberse deslizado a la zona pélvica preparándose para el nacimiento. Aumenta la cantidad de grasas acumuladas y el cuerpo del feto engorda. El iris de los ojos es de color azul y su cabello puede medir hasta 5 cm de largo. Las uñas han crecido hasta el extremo de los dedos y si se trata de un varón, los testículos deben haber descendido ya del interior de su cuerpo.

40 SEMANAS
Longitud: 50 cm
Peso: 3,4 kg
El feto está ya totalmente desarrollado. Cuando está despierto, sus ojos se abren y puede distinguir la luz de la oscuridad. Su cuerpo se ha desprendido de la mayor parte de vernix caseosa, que sólo permanece en los pliegues de la piel del cuello, las axilas y las ingles. También ha desaparecido la mayor parte del lanugo.

16 SEMANAS

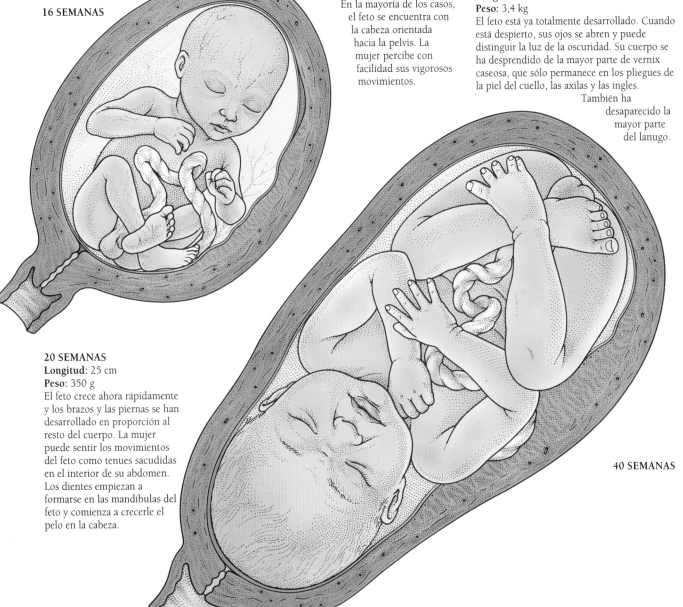

20 SEMANAS
Longitud: 25 cm
Peso: 350 g
El feto crece ahora rápidamente y los brazos y las piernas se han desarrollado en proporción al resto del cuerpo. La mujer puede sentir los movimientos del feto como tenues sacudidas en el interior de su abdomen. Los dientes empiezan a formarse en las mandíbulas del feto y comienza a crecerle el pelo en la cabeza.

40 SEMANAS

CAMBIOS EN EL CUERPO DE LA MUJER

DURANTE LOS 9 MESES DEL EMBARAZO, el feto pasa de ser un embrión menor que un grano de arroz a un niño cuyo peso medio al nacer es de 3,5 kg. El cuerpo de la mujer experimenta muchos cambios mientras se adapta al crecimiento del feto y se prepara para el parto; todos los órganos del cuerpo materno se ven afectados de una manera u otra. Estos cambios pueden producir molestias transitorias, que son naturales y forman parte del proceso de la maternidad.

CAMBIOS EN LA CIRCULACIÓN

Durante el embarazo se producen cambios en el sistema circulatorio (corazón y vasos sanguíneos). El volumen de sangre bombeada por el corazón aumenta alrededor del 40%. Para acomodar este aumento de volumen el corazón se agranda ligeramente, el ritmo cardiaco se eleva de unos 70 a unos 85 latidos por minuto y aumenta también la cantidad de sangre bombeada con cada pulsación. La presión sanguínea desciende, ya que el aumento en la producción de algunas hormonas produce un ensanchamiento de los vasos sanguíneos. Este ensanchamiento disminuye su resistencia al riego sanguíneo, lo que disminuye la presión.

Muchos de los cambios físicos que se producen durante el embarazo son visibles: el aumento de tamaño de las mamas y del abdomen, por ejemplo. En el interior del cuerpo se produce otro tipo de cambios a fin de poder nutrir y acomodar al feto en crecimiento. La mayoría de estos cambios se deben a fluctuaciones de los niveles hormonales durante el embarazo. Es importante comprender los cambios del cuerpo, para poder discernir los procesos normales de los que puedan requerir atención médica.

Riego sanguíneo
Durante el último trimestre del embarazo es posible que sienta mareo o desfallecimiento cuando se levante después de haber estado echada de espaldas. Esta sensación se debe a la reducción de la cantidad de sangre que llega al cerebro. En esta posición, el útero ejerce presión contra la vena cava inferior (la vena mayor que transporta la sangre de las extremidades inferiores de vuelta al corazón). La presión contra esta vena reduce el volumen de sangre que se dirige al corazón, que a su vez, bombea menos sangre a través de la aorta al resto del cuerpo.

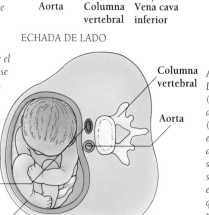

ECHADA DE ESPALDAS

Útero

Aorta | Columna vertebral | Vena cava inferior

ECHADA DE LADO

Columna vertebral

Aorta

Vena cava inferior

Útero

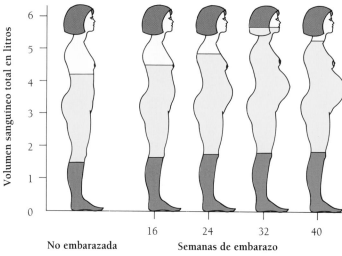

Volumen sanguíneo total en litros

No embarazada

16   24   32   40

Semanas de embarazo

Aumento del volumen sanguíneo
Durante el embarazo, la cantidad de sangre en el cuerpo (volumen sanguíneo) aumenta al menos en un 40%, aproximadamente litro y medio. El volumen de plasma (la parte líquida de la sangre) aumenta más que los eritrocitos (véase más arriba). El aumento de la cantidad de sangre es necesario para proporcionar oxígeno y sustancias nutritivas al feto en desarrollo, así como para satisfacer la mayor demanda del cuerpo materno. Hacia el final del embarazo el volumen sanguíneo disminuye lo que permite que la mujer tolere mejor la tensión del parto.

CLAVE

Volumen de plasma

Volumen de eritrocitos

PAPEL DE LAS HORMONAS EN EL EMBARAZO

La mayoría de los cambios que se producen en el cuerpo durante el embarazo son estimulados por hormonas.

Glándula tiroides

Durante el embarazo, la glándula tiroides aumenta la producción de tiroxina y triyodotironina. Estas hormonas aumentan el ritmo metabólico (ritmo con que los tejidos consumen oxígeno y sustancias carburantes como las grasas, los hidratos de carbono y las proteínas, para producir energía) de muchos tejidos corporales. La aceleración del metabolismo produce más calor corporal, aumenta el riego sanguíneo cutáneo para promover la pérdida de calor y obliga al corazón a trabajar más para satisfacer la mayor demanda del cuerpo en oxígeno.

Riñones

Ovarios

Al principio del embarazo, la gonadotropina coriónica humana, producida por la capa celular externa del embrión, estimula la producción de progesterona por los ovarios. La progesterona ayuda a mantener el embarazo y evitar el aborto. Si el feto corresponde a un varón, la gonadotropina coriónica humana estimula asimismo la producción de testosterona (hormona sexual masculina) en sus testículos, lo que estimula el desarrollo de los órganos sexuales del feto.

Vejiga

Glándula pituitaria

La prolactina, una hormona producida por la glándula pituitaria durante el embarazo, ayuda a preparar los tejidos de las mamas para la producción de leche. Después del nacimiento del niño, la prolactina estimula la producción de leche; este efecto es inhibido durante la gestación debido a los altos niveles de estrógeno.

Glándula pituitaria

Glándulas suprarrenales

Durante el embarazo, las glándulas suprarrenales producen gran cantidad de corticosteroides. Estas hormonas regulan el uso corporal de los nutrientes, los niveles de sodio y potasio en sangre y cantidad de sodio y potasio excretada en la orina. Los corticosteroides suprimen asimismo las reacciones inflamatorias, hecho que puede explicar porqué las enfermedades inflamatorias, como la artritis reumatoide, pueden remitir durante el embarazo.

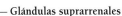

Placenta

La placenta produce hormonas que estimulan el desarrollo del útero y de las mamas durante el embarazo. Una vez plenamente desarrollada (hacia las 10 semanas), la placenta se convierte en el principal lugar de producción de progesterona, hasta entonces producida casi enteramente en los ovarios. La placenta produce también lactógeno placentario humano, hormona que, junto con la prolactina, estimula cambios en los tejidos mamarios en preparación para la producción de leche.

RESPIRACIÓN

Durante el embarazo, los pulmones se ven obligados a trabajar más para poder aportar el oxígeno extra necesario para el mayor volumen de sangre que circula por el cuerpo. Normalmente, el ritmo respiratorio (el número de respiraciones por minuto) no se altera. Por el contrario, la mayor demanda de oxígeno se satisface con la ampliación del volumen de aire que se puede inhalar (véase derecha).

Antes del embarazo

Diafragma

Durante el embarazo

Útero

Aumento del aire aspirado
El crecimiento del útero empuja al diafragma hacia arriba en unos 5 cm, y su margen de oscilación aumenta entre 1,2 y 2,5 cm. También aumenta la circunferencia del tórax en 5 a 7,5 cm. Estos cambios permiten la inhalación de un mayor volumen de aire.

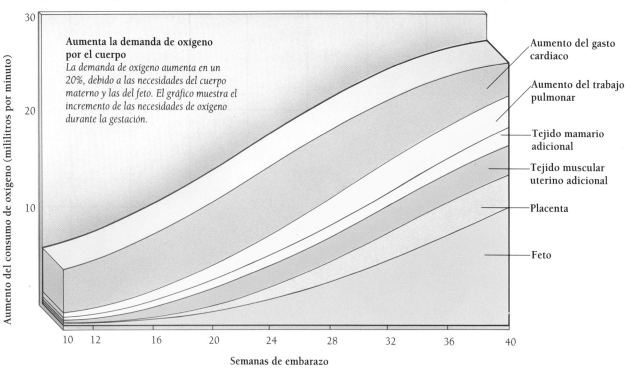

Aumenta la demanda de oxígeno por el cuerpo
La demanda de oxígeno aumenta en un 20%, debido a las necesidades del cuerpo materno y las del feto. El gráfico muestra el incremento de las necesidades de oxígeno durante la gestación.

Aumento del consumo de oxígeno (mililitros por minuto)

30

20

10

10 12 16 20 24 28 32 36 40

Semanas de embarazo

Aumento del gasto cardiaco

Aumento del trabajo pulmonar

Tejido mamario adicional

Tejido muscular uterino adicional

Placenta

Feto

Porción comprimida de la vejiga

Orina retenida

Útero

RIÑONES Y VEJIGA

Los riñones filtran la sangre y excretan los productos residuales y el exceso de agua en la orina. En caso de embarazo, los riñones deben filtrar un volumen mayor de sangre. En consecuencia, también eliminan un mayor volumen de productos residuales y de agua. La mujer puede sentir sed, beber más líquidos de lo habitual y orinar con más frecuencia. La necesidad de orinar puede aumentar también por la presión del útero contra la vejiga.

Retención de orina durante el embarazo
En raras ocasiones, el aumento del tamaño del útero comprime la vejiga e impide que se vacíe totalmente. La retención de orina puede dar lugar a una infección de las vías urinarias.

DIGESTIÓN

Durante el embarazo, el aumento del nivel de la hormona progesterona provoca la relajación de los músculos del sistema digestivo. La relajación de los músculos del extremo inferior del esófago (el tubo por el que pasan los alimentos de la garganta al estómago) puede producir pirosis.

A causa de la relajación muscular del intestino grueso, el tránsito intestinal es menos eficaz, pudiendo producirse estreñimiento.

Pirosis
La relajación de los músculos en la unión del esófago con el estómago puede permitir que los alimentos ya mezclados con jugos gástricos sean impulsados de nuevo hacia el esófago. Los jugos gástricos irritan la mucosa esofágica y producen una sensación de ardor conocida como pirosis. La pirosis puede agravarse durante el segundo y el tercer trimestres del embarazo, ya que el útero empuja al estómago hacia arriba, hacia el esófago.

Alteración de la respuesta inmunológica durante el embarazo
En respuesta a las sustancias extrañas que penetran en el cuerpo, nuestro sistema inmunológico produce las células llamadas linfocitos T. Estos linfocitos T deberían destruir las células «extrañas» del feto que se han introducido en el riego sanguíneo de la madre. Sin embargo, el sistema inmunológico de la mujer tolera las células fetales, posiblemente debido a la producción de anticuerpos bloqueantes durante el embarazo. Los anticuerpos bloqueantes se adhieren a los linfocitos T y les impiden atacar y destruir las células del feto.

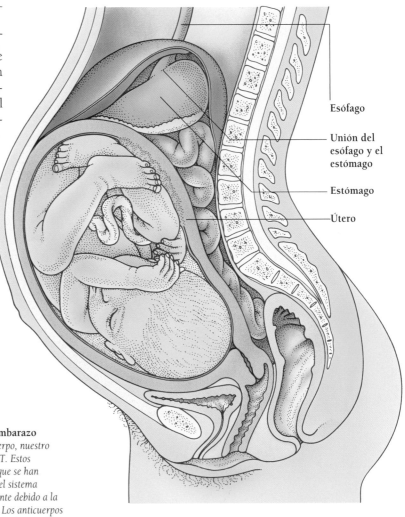

Esófago

Unión del esófago y el estómago

Estómago

Útero

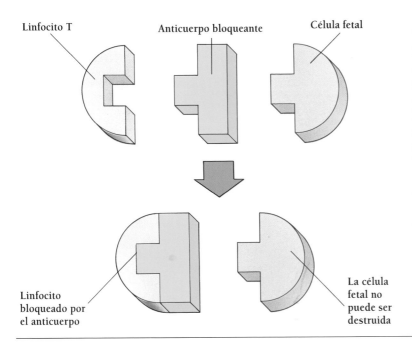

Linfocito T

Anticuerpo bloqueante

Célula fetal

Linfocito bloqueado por el anticuerpo

La célula fetal no puede ser destruida

SISTEMA INMUNOLÓGICO

Normalmente, el sistema inmunológico ataca y destruye las sustancias extrañas: los microorganismos infecciosos, por ejemplo, que penetran en el cuerpo. La respuesta del sistema inmunológico de la mujer embarazada a los cuerpos extraños se ve disminuida, lo que la hace más susceptible a infecciones tales como la gripe y los resfriados.

También las células del feto que llegan al riego sanguíneo de la madre son interpretadas como sustancias extrañas por su sistema inmunológico, puesto que poseen ciertas proteínas determinadas por los genes del padre. Pero el cuerpo de la mujer tolera las células «extrañas» del feto, quizá debido a una alteración de los efectos de su sistema inmunológico (véase izquierda).

Útero antes del embarazo **Útero a las 8 semanas** **Útero a las 10 semanas**

La forma cambiante del útero
Durante las primeras semanas después de la concepción el útero se ensancha y pierde su forma habitual de pera para redondearse casi por completo.

Pelvis femenina
Los huesos de la pelvis se unen en su parte anterior, en la articulación llamada sínfisis púbica. La sínfisis púbica femenina es menos rígida que la masculina y la pelvis es menos profunda y más ancha. Estas diferencias facilitan el parto. Durante el embarazo, la hormona relaxina, producida por la placenta, hace que los tejidos conjuntivos, los ligamentos y las articulaciones (especialmente las de la pelvis) sean más flexibles preparándose para el parto. Esta flexibilización puede producir molestias en el área pélvica, especialmente al andar (véase DOLORES ABDOMINALES, pág. 40).

EL ÚTERO

Durante el embarazo, aumenta el riego sanguíneo uterino y su revestimiento (el denominado endometrio) se suaviza y espesa. Los músculos que forman la pared uterina se fortalecen y flexibilizan; el tamaño de las fibras musculares se hace hasta unas 50 veces mayor. El peso del útero incrementa de unos 50 gramos que tenía antes del embarazo a un kilo justo antes del parto.

A lo largo del embarazo (y de forma especial durante las últimas semanas), los músculos de las paredes uterinas se contraen de forma suave y a intervalos ligeramente regulares. Estas contracciones (denominadas contracciones de Braxton Hicks) por lo general no suelen ser dolorosas y facilitan la circulación de la sangre por el útero.

Aumento del tamaño del útero
A partir de la duodécima semana, cuando el médico ya pueda palpar la parte superior del útero a través del abdomen, podrá medir la altura del útero sobre el hueso púbico para monitorizar el desarrollo del embarazo. La imagen inferior muestra la altura media del útero desde la octava hasta la 40ª semana del embarazo. En la semana 40 la altura disminuye debido a que el feto desciende en la pelvis preparándose para su nacimiento.

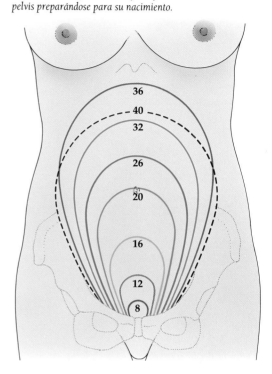

OTROS CAMBIOS CORPORALES

El aumento del nivel de progesterona durante el embarazo hace que los vasos sanguíneos se ensanchen, lo que aumenta el riego a los tejidos corporales. Debido al aumento del riego sanguíneo, se puede producir hinchazón de los tejidos de la vagina, la vulva (órganos genitales externos) y el cérvix (cuello uterino). El ensanchamiento de los vasos sanguíneos de las piernas y los labios (pliegues de la piel en la entrada de la vagina) puede causar varices (véase pág. 45). Normalmente, estas varices reducen su tamaño o desaparecen después del parto.

Las glándulas cervicales aumentan la secreción de moco, produciendo un flujo vaginal blanquecino. Si este flujo cambia de aspecto o tiene un olor desagradable, o bien si se produce escozor y picor, consulte a su médico (véase INFECCIONES DE LAS VÍAS URINARIAS, pág. 45).

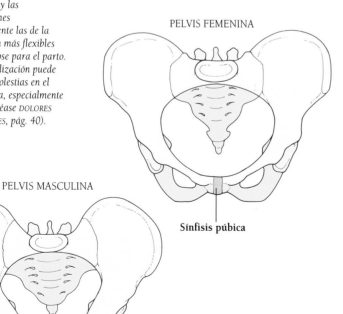

PELVIS FEMENINA

PELVIS MASCULINA

Sínfisis púbica

CAMBIO DE FORMA DEL CUERPO

Durante el embarazo la forma del cuerpo es tan individual como antes del embarazo; el cuerpo de cada mujer cambia de una manera distinta.

Primero y segundo mes

Durante los primeros dos meses, la forma del cuerpo no cambia sustancialmente y puede no producirse aumento del peso. El abdomen puede aparecer ligeramente más voluminoso, no por el crecimiento del útero sino debido a la distensión de los intestinos a causa de los cambios hormonales. Se puede percibir sensación de cosquilleo y sensibilidad en las mamas.

Hígado

Estómago

Riñón

Intestinos

Embrión

Útero

Vejiga

Recto

Tercero y cuarto mes

El abdomen empieza a crecer para acomodar al feto en desarrollo y se suelen ganar entre 1,5 y 2 kilos de peso por mes. Las mamas siguen desarrollándose durante todo el embarazo, aunque la sensibilidad suele remitir. Los pezones a veces rezuman colostro (líquido que precede a la leche materna). Los pezones y la areola (área pigmentada que rodea los pezones) se oscurecen y empiezan a ser visibles las venas.

Quinto mes

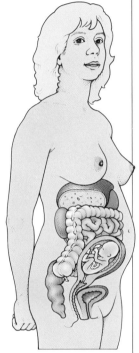

Se pueden ganar entre 1,5 y 2 kilos de peso. La respiración se hace más profunda y el ritmo cardiaco se acelera. Puede producirse hinchazón de los pies y los tobillos y aparición de varices (véase pág. 45). Las areolas siguen oscureciéndose y se ensanchan.

Sexto y séptimo mes

Durante este período, el peso aumenta rápidamente. La piel que cubre al abdomen se hace tensa y fina (véase ESTRÍAS, pág. 44). Ahora, el útero se extiende por encima del nivel del ombligo, desplazando a los demás órganos abdominales. La sínfisis púbica (articulación que une los huesos pélvicos en la parte anterior de la pelvis) se ha ensanchado.

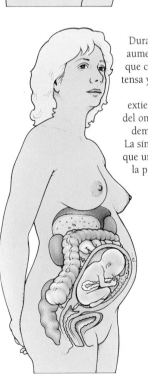

Octavo mes

Se ganan entre 1,5 y 2,5 kilos. El feto gira con la cabeza hacia abajo y el útero se eleva bajo el diafragma. El ombligo puede aplanarse y luego, sobresalir.

Noveno mes

Si se trata del primer hijo, la cabeza del feto desciende más en la pelvis preparándose para el nacimiento (es el llamado encajamiento; véase pág. 90). Si no es el primer hijo, la cabeza podría puede no descender hasta que empiecen las contracciones. El encajamiento del feto puede producir mayor sensación de comodidad a la madre, aunque quizás aumente la necesidad de orinar más frecuentemente debido al aumento de la presión ejercida por la cabeza del feto contra la vejiga.

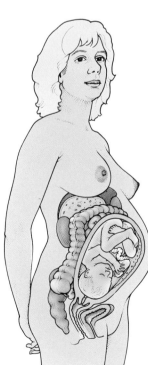

MOLESTIAS COMUNES DURANTE EL EMBARAZO

Incluso en un embarazo completamente normal y sano, la mayoría de las mujeres experimenta diversas molestias. Estas molestias son transitorias y no indican trastornos graves. Si le preocupan o se agravan sus síntomas, consulte a su médico.

CLAVE

① 1er trimestre

② 2^0 trimestre

③ 3er trimestre

DOLORES ABDOMINALES

② ③

Síntomas
Dolores o calambres abdominales agudos y punzantes después de haber estado sentada o echada durante un rato, o un dolor difuso en el bajo vientre, alrededor de las articulaciones pélvicas. El dolor alrededor de las articulaciones pélvicas puede aumentar después de andar o hacer ejercicio.

Causas
Los dolores abdominales se producen por el estiramiento de los ligamentos que sostienen el útero en crecimiento o por la relajación de las articulaciones pélvicas debido a los cambios hormonales.

Tratamiento o prevención
♦ El dolor se puede aliviar cambiando frecuentemente de postura mientras esté sentada o acostada.
♦ Descanse siempre que pueda y evite los ejercicios vigorosos.
♦ Si el dolor abdominal es intenso, persistente o se acompaña de hemorragias vaginales, consulte a su médico.

DOLORES DE ESPALDA

① ② ③

Síntomas
Dolores en la parte inferior de la espalda o por encima de los glúteos.

Causas
El peso adicional del feto sobre el abdomen le obliga a inclinarse hacia atrás y cansar los músculos y ligamentos de la columna vertebral.

Tratamiento o prevención
♦ No gane más peso del recomendado por su médico.
♦ Haga ejercicio para fortalecer los músculos de la espalda y el abdomen.
♦ Duerma en colchón duro.
♦ Lleve zapatos de tacón bajo.
♦ No levante objetos pesados.

Una buena postura
Aprenda a sentarse cómodamente, sin estresar los músculos de la espalda, y procure mantenerse erguida cuando está de pie para evitar que la pelvis se venga hacia delante y las vértebras lumbares se curven hacia dentro.

ENCÍAS SANGRANTES

① ② ③

Síntomas
Las encías sangran cuando se lavan los dientes o después de comer.

Causas
Las encías son más sensibles y se pueden inflamar debido al aumento del nivel hormonal.

Tratamiento o prevención
♦ Después de quedarse embarazada, vaya al dentista para hacerse una revisión dental tan pronto como le sea posible. El dentista valorará la conveniencia de realizar o posponer los tratamientos dentales necesarios.

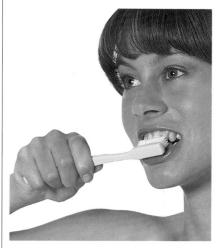

Mantenga limpios los dientes
No deje de lavarse y limpiarse los dientes dos veces al día para evitar la caries y una posible infección de las encías.

DISNEA

③

Síntomas
Disnea de esfuerzo o, en casos muy extremos, al hablar. La respiración puede ser más dificultosa al estar echada.

Causas
Durante el transcurso de los últimos meses del embarazo, el crecimiento del útero ejerce presión sobre el diafragma obstruyendo de esta manera los pulmones. La respiración puede aliviarse en el noveno mes del embarazo, cuando el feto desciende más en la pelvis al producirse el «encajamiento».

Tratamiento o prevención

♦ No haga movimientos bruscos y evite los esfuerzos exagerados.

♦ Acostúmbrese a sentarse con la espalda recta.

♦ Póngase una o dos almohadas adicionales en la cama, para dormir en posición semirreclinada.

♦ Si la disnea empeora repentinamente o se acompaña de dolores torácicos, consulte a su médico.

SÍNDROME DEL TÚNEL CARPIANO

Síntomas

Sensación de hormigueo o escozor en la palma de la mano, cerca del pulgar y los dedos índice y medio.

Causas

El aumento de la cantidad de líquidos en el cuerpo durante el embarazo ejerce presión contra el nervio mediano a su paso por el túnel formado por los huesos de la muñeca (el denominado túnel carpiano). El trastorno suele desaparecer después del parto.

Tratamiento o prevención

♦ Para aliviar el dolor, mantenga levantada la mano afectada o póngala en agua fría.

♦ Consulte a su médico, que quizá le recomiende una férula para la muñeca.

ESTREÑIMIENTO

Síntomas

Deposiciones poco frecuentes o dificultosas; heces duras y secas.

Causas

La hormona progesterona relaja los músculos intestinales, suavizando las contracciones que impulsan a las heces a través del intestinos Su lento avance implica mayor absorción de agua, lo que produce heces duras y secas.

Tratamiento o prevención

♦ Haga ejercicio regularmente.

♦ Si toma suplementos de hierro, hágalo después de comer. Se absorberán con más facilidad y tendrán menos probabilidades de empeorar el estreñimiento.

♦ No emplee laxantes ni lavativas.

♦ Beba entre seis y ocho vasos de líquidos al día.

♦ Si el estreñimiento persiste, consulte a su médico.

Alimentos ricos en fibras
Tome alimentos ricos en fibras, tales como frutas, frutos secos, verduras y productos integrales.

MAREOS O DESMAYOS

Síntomas

Mareos, especialmente al levantarse de la cama o de una silla.

Causas

Durante el embarazo, la presión sanguínea es más baja, y se reduce el riego sanguíneo al cerebro. Los mareos en el momento de incorporarse pueden deberse a la repentina, aunque momentánea, falta de sangre en el cerebro.

Tratamiento o prevención

♦ Evite estar de pie durante largos períodos.

♦ Levántese despacio después de un baño caliente o de haber estado sentada o echada

♦ Manténgase lo más fresca posible en tiempo caluroso.

♦ Evite los espacios cerrados, calurosos y con mucha gente.

Desfallecimiento
Échese con los pies elevados o siéntese con la cabeza entre las rodillas. La posición de la cabeza hacia abajo aumenta el riego sanguíneo al cerebro.

PROBLEMAS OCULARES

Síntomas

Quizá note un empeoramiento de la visión. Si usa lentes de contacto, quizá le resulten molestas.

Causas

La retención de líquidos puede afectar a la forma del glóbulo ocular.

Tratamiento o prevención

♦ Si lleva lentes de contacto, consulte con su médico la posibilidad de dejar de usarlas durante el embarazo.

Alteraciones de la vista
Si cree que su vista ha sufrido cambios, consulte a su oftalmólogo.

RETENCIÓN DE LÍQUIDOS

Síntomas
Las manos pueden estar hinchadas e impedir llevar anillos. También se pueden hinchar los tobillos y los pies, por lo que los zapatos quedarán apretados.

Causas
La cantidad de líquido retenido en el cuerpo aumenta durante el embarazo.

Tratamiento o prevención
♦ Evite estar de pie durante largos períodos.
♦ Repose con los pies sobre cojines, sobre todo al final de la jornada.
♦ Eleve unos cuantos centímetros la parte de los pies de la cama (no lo haga si tiene pirosis).
♦ Evite los alimentos salados.
♦ Si la hinchazón se agrava y/o se acompaña de dolores de cabeza o visión borrosa, consulte a su médico.

«ANTOJOS»

Síntomas
Quizás experimente un fuerte deseo por un determinado alimento.

Causas
Se desconoce la causa de los «antojos» de las mujeres embarazadas, aunque podría estar relacionado con el alto nivel de progesterona en el cuerpo.

Tratamiento o prevención
♦ Si se le «antojan» alimentos sanos, no se prive de ellos. Si desea comidas perjudiciales considere un sustituto o coma con moderación.
♦ En caso de desear artículos no comestibles, como papel o arcilla, consulte a su médico.

MICCIÓN FRECUENTE

Síntomas
Durante el embarazo se orina con más frecuencia que de costumbre o se tiene a menudo una apremiante necesidad de orinar, aunque la cantidad de orina es limitada.

Causas
La micción frecuente puede deberse a la actividad hormonal, a la mayor ingestión de líquidos debido al aumento de la sed y a la presión ejercida por el útero contra la vejiga.

Tratamiento o prevención
♦ Limite la ingestión de líquidos antes de acostarse.
♦ La oscilación del cuerpo hacia delante y hacia atrás mientras se orina, puede ayudar a vaciar la vejiga más eficazmente.
♦ Si la micción produce dolor o se acompaña de sangre, consulte a su médico (véase INFECCIONES DE LAS VÍAS URINARIAS, pág. 45).

GASES

Síntomas
Calambres abdominales, borborigmo gástrico e hinchazón.

Causas
Durante el embarazo, la relajación de los músculos intestinales puede dificultar la eliminación de los gases. La distensión o espasmo intestinal produce dolores.

Tratamiento o prevención
♦ Coma despacio y mastique bien la comida. La ingestión rápida de los alimentos aumenta la deglución de aire.
♦ Consuma alimentos ricos en fibras para evitar el estreñimiento.
♦ Evite los alimentos fritos y picantes.
♦ Si el dolor y la hinchazón abdominal persisten, consulte a su médico.

PIROSIS

Síntomas
Sensación de quemazón dolorosa en el tórax, por debajo del esternón, que puede empeorar al echarse o inmediatamente después de las comidas.

Causas
El músculo existente a la entrada del estómago se relaja durante el embarazo, lo que permite el reflujo al esófago de alimentos ya mezclados con jugos gástricos.

Tratamiento o prevención
♦ No se acueste hasta transcurridas dos horas después de comer.
♦ Tómese un vaso de leche al irse a la cama.

Cuide su dieta
Evite comer en exceso y los alimentos picantes o fritos, sobre todo por la noche.

♦ Duerma con la parte superior de la cama elevada unos centímetros.
♦ Si las molestias son intensas o persistentes, consulte a su médico.

HEMORROIDES

Síntomas
Escozor, sensibilidad y dolor alrededor del ano, y posiblemente sangre en las heces.

Causas
En los últimos estadios del embarazo la presión del útero puede producir hemorroides, inflamación de las venas que rodean el ano.

Tratamiento o prevención

◆ Coma alimentos ricos en fibras y beba mucho líquido para evitar el estreñimiento.

◆ No se esfuerce para defecar.

◆ Evite estar de pie o sentada durante largos períodos de tiempo.

◆ Mantenga la piel alrededor del ano limpia y seca.

◆ Dos baños calientes al día pueden ayudar a aliviar las molestias.

◆ Si las molestias persisten o las hemorroides sangran, consulte a su médico. Un preparado contra las hemorroides puede aliviar las molestias.

PRURITO (PICORES)

Síntomas

Picor en la piel del abdomen.

Causas

El crecimiento del útero fuerza a la piel del abdomen a estirarse, lo que hace que la piel esté tensa y seca y produzca picor.

Tratamiento o prevención

◆ Aplíquese una crema hidratante o una loción de calamina para aliviar el picor (procure no rascarse).

◆ Si el picor afecta a todo el cuerpo, consulte a su médico.

PÉRDIDAS DE ORINA

Síntomas

Salida de orina al toser, reír, estornudar o hacer esfuerzos.

Causas

La presión del útero sobre la vejiga y la relajación de los músculos pélvicos son responsables de la salida de orina.

Tratamiento o prevención

◆ Orine con frecuencia.

◆ Practique ejercicios del suelo de la pelvis a diario para fortalecer los músculos pélvicos (véase pág. 66).

◆ Si el trastorno persiste después del parto, consulte a su médico.

No haga esfuerzos excesivos
Procure no levantar objetos pesados ni realizar ejercicios demasiado vigorosos; pueden producir pérdidas de orina.

CALAMBRES EN LAS PIERNAS

③

Síntomas

Dolores agudos en los músculos de los muslos o las pantorrillas, a menudo seguidos de un dolor difuso que persiste durante varias horas.

Causas

Los calambres musculares pueden deberse al aumento de la presión uterina sobre los vasos sanguíneos que irrigan las piernas, o a un déficit de calcio.

Tratamiento o prevención

◆ Hágase un masaje firme o aplique calor al área afectada para aliviar el dolor.

◆ Haga funcionar suavemente el músculo dolorido de la pantorrilla, estirando la pierna y flexionando el tobillo y los dedos del pie hacia delante.

◆ Si los calambres musculares persisten, consulte a su médico.

NÁUSEAS DEL EMBARAZO

Síntomas

Sensación de náuseas, y vómitos.

Causas

El aumento de los niveles hormonales durante el embarazo puede ser responsable de las náuseas y los vómitos matinales (véanse págs. 26 y 27).

Tratamiento o prevención

◆ Coma y beba algo antes de levantarse de la cama por las mañanas.

◆ Haga comidas frecuentes y ligeras.

◆ No se canse en exceso; la fatiga puede empeorar las náuseas.

◆ Si los vómitos se agravan, consulte a su médico.

CONGESTIÓN Y HEMORRAGIAS NASALES

  ③

Síntomas

Congestión nasal acompañada, en ocasiones, de hemorragia.

Causas

El aumento del nivel de la hormona estrógeno así como del riego sanguíneo causan inflamación de las membranas mucosas nasales y la consiguiente congestión. Asimismo el aumento del riego sanguíneo causa inflamación de la mucosa nasal. La descongestión forzosa y frecuente de la nariz puede ocasionar rotura de los vasos sanguíneos menores.

Tratamiento o prevención

◆ Suénese la nariz con suavidad.

◆ No utilice sprays nasales salvo por prescripción facultativa.

◆ Un vaporizador o un humidificador pueden mantener húmedas las membranas nasales evitando su rotura y hemorragia.

Detener una hemorragia nasal
Siéntese, baje ligeramente el mentón hacia el tórax y apriétese la nariz firmemente durante unos 15 minutos.

CAMBIOS EN LA PIGMENTACIÓN

Síntomas

El oscurecimiento de los pezones y las areolas y la aparición de una línea oscura que recorre el abdomen en sentido vertical, son normales. También se puede oscurecer el color de las pecas y marcas en la piel.

Causas

Los cambios hormonales aumentan la producción de células pigmentarias. La luz solar puede intensificar estos cambios de la pigmentación.

Tratamiento o prevención

♦ No intente aclararse la piel. La mayor parte de la pigmentación inhabitual desaparecerá poco después del parto.

Protéjase del sol
Siéntese a la sombra, cúbrase y emplee una crema protectora los días soleados. No utilice lámparas ni salones de rayos ultravioleta.

ERUPCIONES CUTÁNEAS

③

Síntomas

Erupción rojiza y escamosa en los pliegues cutáneos (debajo de las mamas).

Causas

Las erupciones en los pliegues de la piel se deben al roce de las superficies cutáneas.

Tratamiento o prevención

♦ Evite el exceso de peso.
♦ Mantenga las áreas afectadas limpias y secas.
♦ Si la erupción persiste o muestra signos de infección, consulte a su médico.

DOLOR TORÁCICO

③

Síntomas

Hipersensibilidad dolorosa en la zona de las costillas por debajo de las mamas.

Causas

El aumento del tamaño del útero y su expansión hacia el tórax, ejerce presión contra las costillas. Normalmente, este dolor desaparece cuando el feto desciende más en la pelvis.

Tratamiento o prevención

♦ Evite la presión contra las costillas; repose o duerma semirreclinada.

CIÁTICA

② ③

Síntomas

Dolores punzantes que se irradian desde la parte inferior de la espalda y las nalgas hasta la superficie posterior de la parte trasera de las piernas. Estos dolores van acompañados por sensación de hormigueo.

Causas

El útero comprime los nervios ciáticos de la pelvis.

Tratamiento o prevención

♦ Descanse lo máximo posible y evite los ejercicios vigorosos.
♦ Adapte la posición de su cuerpo para intentar disminuir la presión contra los nervios pélvicos (por ejemplo, acuéstese de lado mejor que de espaldas).
♦ Si los dolores en la espalda y las piernas se agravan, consulte a su médico.

ESTRÍAS

② ③

Síntomas

Líneas rojizas (estrías) en la piel del abdomen, las mamas y los muslos. Las estrías no desaparecen por completo pero pierden intensidad gradualmente.

Causas

Son marcas producidas por el estiramiento de la piel.

Tratamiento o prevención

♦ Evite el exceso de peso; en algunos casos, esto le permitirá evitar la aparición de estrías.

SUDACIÓN

② ③

Síntomas

Sudación excesiva tras esfuerzos pequeños o nulos. Se puede despertar por la noche sofocada y empapada en sudor.

Causas

Los cambios hormonales producen dilatación de los vasos sanguíneos subcutáneos. Aumenta el riego sanguíneo a la piel, produciendo calor. El sudor es la forma que tiene el cuerpo de refrescarse.

Tratamiento o prevención

♦ Lleve ropa holgada y de algodón.
♦ Beba mucho líquido.
♦ Duerma en habitaciones frescas.

Duchas o baños frecuentes
Las duchas o baños frecuentes le ayudarán a sentirse fresca y cómoda.

CAMBIOS DEL GUSTO

① ② ③

Síntomas
Se puede experimentar un sabor metálico en la boca, que cambia o estropea el sabor habitual de los alimentos.

Causas
Se desconocen las causas de los cambios del gusto, aunque podrían estar relacionadas con el aumento de la actividad hormonal.

Tratamiento o prevención
◆ Coma los alimentos que le resulten agradables al gusto.

CANSANCIO

① ③

Síntomas
El cansancio puede ser tan acusado como para necesitar dormir la siesta.

Causas
El cansancio forma parte normal del embarazo y se debe a las demandas adicionales del cuerpo. En ocasiones, el exceso de fatiga se debe a la preocupación, la falta de sueño o la nutrición deficiente.

Tratamiento o prevención
◆ Duerma mucho y descanse siempre que se sienta cansada.
◆ Realice ejercicios regularmente.
◆ Siga una dieta equilibrada.

INFECCIONES DE LAS VÍAS URINARIAS

① ② ③

Síntomas
Necesidad frecuente de orinar (incluso si acaba de hacerlo); escozor o micción dolorosa. La orina puede tener aspecto turbio, contener sangre u oler mal.

Causas
Las infecciones de las vías urinarias son habituales durante el embarazo. La relajación de los músculos del tracto urinario y la retención de líquidos facilitan la acción de las bacterias infectantes.

Tratamiento o prevención
◆ Consulte a su médico inmediatamente. Ordenará un análisis de orina y le recetará antibióticos.

Beba jugo de arándano
Si ha contraído una infección del aparato urinario, además de recetarle antibióticos el médico le aconsejará que beba gran cantidad de líquidos, sobre todo jugo de arándano, que le proporcionará la acidez necesaria para combatir la infección.

SECRECIONES VAGINALES

① ② ③

Síntomas
Las secreciones vaginales fluidas y de color blanquecino son normales durante el embarazo (véase OTROS CAMBIOS CORPORALES, pág. 38). Las secreciones amarillentas o verdosas, con olor desagradable, espesas y cremosas o acompañadas por picores o escozor, indican una infección.

Causas
Durante el embarazo, la elevación de los niveles hormonales causa un aumento de la producción de moco y produce cambios en el interior de la vagina que permiten la rápida proliferación de algunos microorganismos.

Tratamiento o prevención
◆ Mantenga el área genital limpia y seca en la medida de lo posible.
◆ Lleve ropa interior holgada y de algodón; evite las prendes de nailon.
◆ No lleve medias ni pantalones ajustados.
◆ Evite el uso de jabones perfumados o desodorantes, y los desodorantes y lavados vaginales, ya que pueden irritar los tejidos de la vagina.
◆ Si cree que puede tener una infección vaginal, consulte a su médico, que en caso necesario, le recetará algún medicamento; normalmente, una pomada o supositorios vaginales.

VARICES

① ② ③

Síntomas
Dolores en las piernas, normalmente acompañados de picores o piel irritada. Las venas pueden inflamarse y presentar un color púrpura oscuro. También se puede experimentar sensación de pesadez en los labios vaginales (pliegues de piel en la entrada a la vagina).

Causas
El aumento de la presión uterina en las venas de la pelvis, las piernas y los labios vaginales hacen que la sangre se acumule en ellas. Esta acumulación fuerza las venas y rompe las válvulas que impiden el flujo de retorno. Esto hace que en ocasiones se formen varices. Las probabilidades de desarrollar varices son mayores si existe un historial familiar de varices.

Tratamiento o prevención
◆ Evite el exceso de peso.
◆ Evite estar de pie durante largos períodos de tiempo.
◆ Lleve medias elásticas.
◆ Ande un poco a diario.

Ponga las piernas en posición elevada
Mantenga las piernas elevadas cuando esté sentada o echada.

CAPÍTULO TRES

CUIDADOS PRENATALES

UNA DE LAS PRIMERAS y más importantes decisiones que se deben tomar para preparar la llegada del niño, es la elección del médico para los cuidados prenatales y el parto. Es mejor elegir un médico o una enfermera-comadrona en quien confíe, alguien que comparta sus mismos puntos de vista acerca del embarazo y el parto, y que comprenda sus preocupaciones. Es de suma importancia tomar esta decisión tan pronto como se confirma el embarazo. Los cuidados prenatales iniciados en un estadio temprano y continuados durante toda la gestación (normalmente, una vez al mes durante los primeros 6 meses y con mayor frecuencia en el último trimestre), aseguran un embarazo sano y el mejor comienzo de vida posible para el niño. En este capítulo, se analizan cada una de las pruebas a las que se someterá durante las visitas prenatales. También se describen varias pruebas opcionales a las que el médico puede recurrir en circunstancias especiales. La dieta equilibrada, el ejercicio regular y un estilo de vida sano son siempre importantes, pero mucho más durante el embarazo. Una buena alimentación y la abstención del alcohol y el tabaco son esenciales para el desarrollo y el bienestar del feto. La buena forma física hace el embarazo más cómodo y ayuda a hacer frente a las exigencias fisiológicas del parto. Para prepararse mejor para el nacimiento y la paternidad, la pareja puede asistir a clases de educación para los padres. Estas clases enseñan cómo comportarse durante de la gestación, la dilatación y el parto y cómo cuidar del recién nacido.

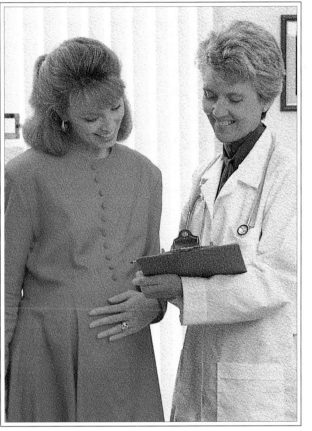

Muchas clases de educación a los padres incluyen instrucciones, ejercicios y técnicas de respiración y relajación que serán útiles en el curso de la dilatación y el parto. La mayor parte de los embarazos progresan sin complicaciones. Los cuidados prenatales iniciados pronto y seguidos con regularidad permiten al médico o a la comadrona detectar los signos de advertencia de posibles trastornos, y la mayoría de ellos pueden ser tratados antes de agravarse. Las mujeres con algunas enfermedades (diabetes y asma, por ejemplo) requieren un seguimiento particularmente cuidadoso durante el embarazo, dado que tienen un mayor riesgo de complicaciones. En la sección final de este capítulo, se analizan dos graves complicaciones de la gestación: el aborto y el embarazo ectópico (embarazo producido fuera del útero, normalmente en una trompa de Falopio). Algunos abortos pueden prevenirse y proseguir la gestación. Los embarazos ectópicos deben ser interrumpidos inmediatamente, por medio de una intervención quirúrgica. Ambas complicaciones suelen producirse en los primeros meses del embarazo por lo que los cuidados prenatales tempranos son esenciales para asegurar un diagnóstico precoz y un tratamiento apropiado. Resumiendo, en este capítulo encontrará una detallada información desde la planificación del parto hasta el aborto y embarazo ectópico, pasando por temas como son las pruebas y exámenes médicos, cuidados de la salud de la embarazada y embarazos de alto riesgo, que le dejarán bien informado, para así actuar en consecuencia.

PLANIFICACIÓN DEL PARTO

HACE TAN SÓLO 50 AÑOS las mujeres embarazadas tenían poca elección respecto a los cuidados a recibir durante el parto. Actualmente, el papel de los futuros padres ha variado significativamente: de simples espectadores han pasado a ser agentes activos y con poder de decisión. La pareja puede tomar muchas decisiones acerca del embarazo y el parto.

Al planificar el parto, las decisiones más importantes incluyen la elección de la persona que proporcionará asistencia sanitaria, el método de parto deseado (véase CLASES DE PREPARACIÓN PARA EL PARTO, pág. 67) y el lugar donde se desea que nazca el niño. Cada una de estas decisiones puede influir en las demás.

El método de parto, por ejemplo, puede influir en la elección del médico y el lugar del nacimiento.

Estas decisiones se deben tomar lo antes posible –tras un cuidadosa consideración de todas las necesidades y opciones– para asegurar un embarazo sano y un parto sin complicaciones.

Elecciones y decisiones
Antes de tomar decisiones respecto del nacimiento del niño, quizá les interese redactar una lista de sus deseos y preferencias personales acerca del parto. También es conveniente anotar las preguntas que le gustaría hacer al médico.

¿Qué tipo de analgésico desea durante el parto? ¿Desea alguno?

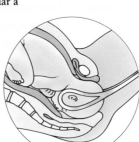

¿Dónde quiere dar a luz?

¿Qué tipo de asistencia es el más adecuado para usted?
En el proceso de tomar decisiones respecto al parto, surgen muchas preguntas y preocupaciones. Tanto el médico como su pareja, sus amigos y sus familiares le pueden aconsejar y proporcionar apoyo.

¿Qué porcentaje de intervención médica desea? ¿Bajo qué circunstancias aceptaría una cesárea, el empleo de fórceps o una episiotomía?

¿Qué postura desea mantener durante el parto?

ELECCIÓN DEL MÉDICO

¿Quién le asistirá en el parto? ¿Prefiere un médico o una comadrona?

La mayoría de los niños nacen asistidos por tocólogos (especialistas en partos). Algunas mujeres se sienten más cómodas en presencia de una comadrona diplomada. Al elegir médico

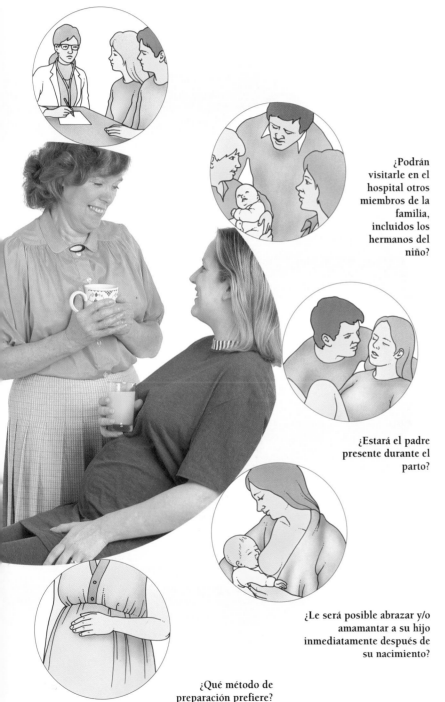

¿Podrán visitarle en el hospital otros miembros de la familia, incluidos los hermanos del niño?

¿Estará el padre presente durante el parto?

¿Le será posible abrazar y/o amamantar a su hijo inmediatamente después de su nacimiento?

¿Qué método de preparación prefiere?

o comadrona, se debe considerar su reputación entre otros pacientes y médicos, sus honorarios, sus horarios de consulta y la localización del hospital donde trabaja.

Después de decidir el médico o la comadrona deseados, hay que concertar una visita de presentación para conocer sus puntos de vista acerca del parto: el método de preparación que prefiere, por ejemplo, y porqué; su opinión acerca de la administración de sedantes durante el parto; si suele practicar o no episiotomías (sección del tejido entre la vagina y el ano); y en qué porcentaje de nacimientos emplea la inducción al parto, utiliza fórceps o practica cesáreas.

Cabe también contrastar ideas y preferencias con respecto al curso de la gestación y del parto.

Si el médico o la comadrona no comparten sus planes y deseos o si de alguna manera no se siente cómoda con ellos, es mejor seguir buscando.

Tocólogos y médicos de familia

Los tocólogos son médicos especializados en la atención a la mujer durante el embarazo y el parto.

Algunos tocólogos (llamados perinatólogos) se especializan en embarazos de alto riesgo: mujeres con diabetes, por ejemplo, o con un historial familiar de trastornos genéticos (hereditarios).

El médico de familia ha recibido formación adicional en medicina primaria, incluida la obstetricia.

En caso de surgir complicaciones en el curso del embarazo, el médico de familia enviará a la mujer a un tocólogo.

Comadronas diplomadas

Las mujeres embarazadas con poca probabilidad de presentar complicaciones, pueden elegir una comadrona diplomada para que le asista en el embarazo y el parto.

Las comadronas diplomadas son enfermeras tituladas que han recibido formación obstétrica limitada única y exclusivamente al tratamiento de embarazos y partos que no presentan complicaciones.

En muchos países, la comadrona diplomada debe ejercer asociada con un médico (es decir, un médico que servirá de apoyo en caso de que surjan complicaciones).

CLAVE

A   Monitor del ritmo cardiaco y la presión sanguínea

B   Salida de anestesia

C   Salida de oxígeno

D   Monitor fetal electrónico

E   Mesa de instrumentos

F   Cuna y calentador

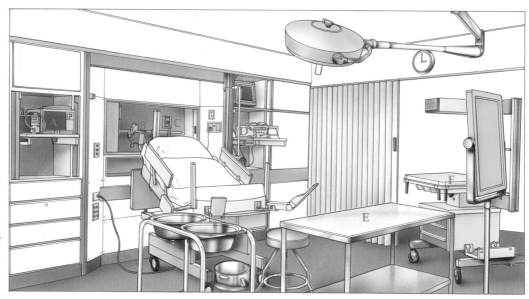

DÓNDE TENER EL NIÑO

La mayoría de los partos tienen lugar en los hospitales (en las salas de partos) o en las maternidades.

Algunas mujeres prefieren tener sus hijos en casa.

Al elegir el lugar del parto, se deben valorar cuidadosamente las ventajas y los riesgos de cada tipo de ambiente. Es importante considerar el nivel de atención médica que puede proporcionar cada uno de ellos, para asegurar las condiciones de mayor seguridad tanto para la madre como para el niño. Hable con su médico para determinar qué medio sería el más adecuado para usted.

Hospital

La política de los hospitales respecto al parto varía desde la tradicional a la que es muy flexible.

Concierte una cita con el hospital elegido para visitar la unidad de maternidad. Haga muchas preguntas.

Por ejemplo, le interesa saber:

Si el hospital ofrece clases de preparación para el parto,

Conocer los métodos con los que está familiarizado el personal,

Las técnicas de asistencia de las que dispondrá durante el parto,

La posibilidad de que su compañero asista y el índice de infecciones hospitalarias del centro elegido.

Maternidad

Las maternidades proporcionan un ambiente relajado, hogareño y familiar a las mujeres con bajo riesgo de presentar complicaciones durante el parto.

Una maternidad puede formar parte de un hospital o constituir una instalación aparte. Su reglamento varía según el área geográfica; se debe comprobar su licencia, concedida por el Estado o acreditada por alguna organización de ámbito nacional.

La atención está a cargo principalmente de comadronas diplomadas que trabajan en colaboración con tocólogos.

En caso de surgir complicaciones durante el parto, se recurre al médico de urgencias o la mujer es trasladada a un hospital.

En casa

Algunas mujeres prefieren dar a luz en casa, como alternativa más natural al ambiente tradicional del hospital.

En caso de desear un parto en casa, cabe considerar los riesgos, ventajas y alternativas con el médico a la comadrona que asistirán al nacimiento del niño.

Sala de partos del hospital
La sala de partos del hospital está especialmente equipada para el parto. En caso de complicaciones, dispone de equipos médicos de alta tecnología.

Sala de partos
La sala de partos de un hospital es una habitación privada donde permanece la mujer mientras experimenta las contracciones, el parto y la posterior recuperación. Ayuda a crear un ambiente natural y hogareño y una atmósfera relajada.

ALTERNATIVAS PARA ALIVIAR EL DOLOR

Los medicamentos administrados para aliviar el dolor durante el parto presentan diferentes ventajas e inconvenientes para la madre y el niño. Se deben discutir los tipos de anestesia preferidos con el médico.

Para más información, véase ADMINISTRACIÓN DE CALMANTES PARA EL DOLOR DURANTE EL PARTO, pág. 96.

Preparación
Algunos hospitales y la mayoría de las maternidades tienen clases de preparación al parto (véase pág. 67). Los futuros padres aprenden el proceso del nacimiento y se familiarizan con temas como el baño del niño, la lactancia y el cambio de pañales. También se enseñan técnicas de respiración y relajación que facilitan el alumbramiento.

Anestesia regional

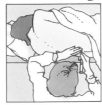

El bloqueo epidural es un tipo de anestesia regional utilizado habitualmente para aliviar el dolor durante el parto. Consiste en la inyección de un anestésico en la espalda, en el espacio entre las vértebras y las membranas que cubren la columna vertebral (espacio epidural). Un tubo pequeño (catéter) se introduce en el lugar de la inyección y se deja insertado durante todo el parto, sin producir molestias, lo que permite la administración adicional de medicación en caso necesario. El anestésico afecta a los nervios que inervan el tórax y a la parte inferior del cuerpo, aliviando los dolores del parto. La anestesia epidural no llega al cerebro (de modo que la parturienta no se adormece) ni al torrente sanguíneo del niño.

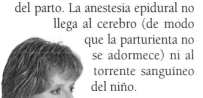

Anestesia local

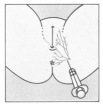

El bloqueo del nervio pudendo es un tipo de anestesia administrado para aliviar el dolor del parto en la vagina y el perineo (los tejidos situados entre la abertura vaginal y el ano). El anestésico se inyecta en la región del nervio pudendo, a cada lado de la parte inferior de la pelvis, a través de las paredes vaginales o el perineo. Para practicar una episiotomía (véase pág. 109), se puede inyectar un anestésico local subcutáneo, en el lugar de la incisión.

Analgésicos

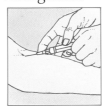

Los analgésicos son calmantes que se administran por inyección o infusión intravenosa. Los analgésicos administrados de cualquiera de estas maneras afectan a todas las partes del cuerpo, incluido el cerebro, aliviando los dolores del parto y ayudando a la mujer a relajarse. La meperidina es uno de los analgésicos habitualmente administrados para el alivio de los dolores del parto aunque en ocasiones se emplea la morfina u otros narcóticos.

Parto natural

Algunas mujeres prefieren tener sus hijos con poca o ninguna anestesia ni medicamentos calmantes, sin episiotomía y sin hacer uso de fórceps: lo que se conoce como parto natural. Las clases de preparación para el parto (véase pág. 67) ayudan a los futuros padres a prepararse, proporcionándoles información acerca del embarazo y el parto y enseñándoles varios métodos (el método Lamaze es el más corriente) para hacer frente a sus exigencias. La información suministrada en estas clases ayuda a reducir el miedo, y las técnicas de respiración y relajación ayudan a aliviar la tensión.

Normalmente, las mujeres con menos miedo y menos tensión están mejor preparadas para enfrentarse al dolor.

PRUEBAS Y EXÁMENES MÉDICOS

P OR CUIDADOS PRENATALES se entiende la atención sanitaria que recibe la
madre antes del nacimiento del niño. En el curso de las visitas prenatales, el
médico realiza pruebas y exámenes para valorar el bienestar de la madre y
del feto en desarrollo. Los cuidados prenatales tempranos y regulares son
esenciales para prevenir posibles trastornos o detectarlos lo antes posible,
permitiendo tratarlos del modo más eficaz.

Tan pronto como se tenga la sospecha de un embarazo, es conveniente concertar una cita con el médico. En caso de confirmación del embarazo, el médico programará chequeos regulares durante toda la gestación.

Una oportunidad de discusión
Durante su primera visita prenatal, el médico le explicará las diferentes pruebas y exámenes que se han de realizar. Es importante que pregunte acerca de las pruebas que no comprende y de los síntomas que está experimentando. Recuerde que no existen preguntas estúpidas.

LA PRIMERA VISITA PRENATAL

Generalmente la primera visita prenatal es la más exhaustiva.

El médico formulará preguntas acerca del historial médico personal y familiar de la futura madre, de su dieta y forma de vida y de los síntomas del embarazo.

Asimismo, realizará una exploración y ordenará pruebas para comprobar el estado de salud de la madre.

Historial ginecológico

Para evaluar el embarazo y determinar la edad del feto, el médico querrá conocer cuál fue el primer día del último período menstrual y las fechas y resultados de las pruebas de embarazo que se hayan realizado con anterioridad. También necesitará conocer algunos detalles del historial ginecológico de la mujer que puedan influir en su embarazo. Esta información incluye:

La fecha de realización del último frotis cervical (Papanicolaou) y los tratamientos seguidos en caso de resultados anormales;

Historial de fibromas (tumores uterinos no cancerosos; véase pág. 69), de infección de los órganos pélvicos o de secreciones vaginales anormales;

Si ha habido embarazos anteriores (incluidos los abortos, tanto espontáneos como provocados), pruebas y tratamientos de esterilidad o intervenciones quirúrgicas del útero o los ovarios.

PRUEBAS PRENATALES

La tabla enumera las pruebas y exámenes que se pueden realizar durante el embarazo.

EN LA PRIMERA VISITA	EN LAS VISITAS REGULARES

Exploración física

Examen del corazón y los pulmones; comprobación de la presión sanguínea; exploración abdominal y pélvica (examen interno); frotis cervical (Papanicolaou); registro del peso y la estatura.

Control del peso; medición de la presión sanguínea; examen abdominal (para comprobar el desarrollo del feto); control del ritmo cardiaco fetal por medio de un aparato ecográfico (a partir de la décima o duodécima semanas) o de un estetoscopio (a partir de la vigésima o vigesimocuarta semanas); comprobación de signos de posible edema en las manos o los tobillos.

Análisis de orina

Determinación de los niveles de glucosa (azúcar) para la detección de una posible diabetes; análisis de sangre o proteína (signos de afección o infección renal); confirmación del embarazo.

Determinación del nivel de glucosa y de la presencia de sangre o proteína.

Análisis de sangre

Determinación de los niveles de hemoglobina, la sustancia portadora de oxígeno en los eritrocitos (para la detección de anemia); determinación del grupo sanguíneo (véase pág. 55); comprobación de la inmunización a la rubéola; comprobación de la exposición al virus de la hepatitis B o una enfermedad de transmisión sexual.

Determinación del nivel de hemoglobina; detección de anticuerpos Rh (Rhesus) contra los eritrocitos fetales (que pueden producirse cuando el Rh de la madre es negativo mientras el del padre y del feto son positivos; véase CÓMO AFECTA AL EMBARAZO EL FACTOR Rh, pág. 79).

PRUEBAS QUE SE REALIZAN EN CASO NECESARIO

Análisis de sangre y de orina
Detección de niveles anormales de alfa-fetoproteína, posible indicio de espina bífida (niveles altos) o síndrome de Down (niveles bajos); determinación del nivel de glucosa para la detección de la diabetes gestacional (diabetes durante el embarazo); véase DETERMINACIÓN DE LA GLUCOSA, pág. 56; valoración de la función de la placenta y del bienestar del feto.

Amniocentesis
Determinación de los niveles de alfa-fetoproteína (AFP) en el líquido amniótico, en caso de anormalidad de los niveles de AFP en sangre (para la detección de espina bífida, anomalía del crecimiento); detección de anomalías cromosómicas tales como el síndrome de Down.

Ecografía
Determinación de la edad del feto; detección de fetos múltiples; valoración de la posición, desarrollo y crecimiento del feto; localización de la placenta; determinación del volumen de líquido amniótico; muestreo de vellosidades coriónicas, amniocentesis o muestreo de sangre fetal.

Muestreo de sangre fetal
Comprobación de la normalidad del feto; decisión de una transfusión de sangre en caso de que el feto esté anémico debido a los ataques de los anticuerpos Rh contra su propia sangre (véase GRUPO SANGUÍNEO, pág. 55, y CÓMO AFECTA AL EMBARAZO EL FACTOR Rh, pág. 79).

Muestreo de vellosidades coriónicas
Análisis de células placentarias (para la detección de anomalías cromosómicas, tales como el síndrome de Down, o de ciertos trastornos hereditarios, como la fibrosis quística).

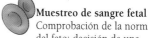

Control electrónico del corazón fetal
Comprobación del ritmo cardiaco del feto.

Historial médico

Se debe informar al médico de todas las enfermedades que haya tenido en el pasado y de cualquier enfermedad actual o crónica (hipertensión o diabetes, por ejemplo).

Esta información es importante, ya que algunas enfermedades pueden afectar al embarazo y otras pueden verse negativamente afectadas por él.

El embarazo aumenta las funciones cardiaca, renal y pulmonar. Si alguno de estos órganos han sido debilitados por una enfermedad previa o actual, puede ser necesario su control y tratamiento.

También se debe informar al médico de las operaciones quirúrgicas a las que haya sido sometida.

Hay que comunicar al médico las enfermedades de transmisión sexual (gonorrea, herpes o sífilis, por ejemplo) y la posibilidad de haber sido infectada por el virus de inmunodeficiencia humana (VIH, el virus del SIDA). Las enfermedades de transmisión sexual y el VIH se pueden transmitir al feto mientras está en el útero o durante el parto.

Drogas y medicamentos

Las drogas y los medicamentos pueden afectar negativamente al feto.

Hay que informar al médico si se toma algún medicamento así como también drogas (legales o ilegales, incluida la marihuana y el alcohol) o de los medicamentos que haya tomado desde el inicio del embarazo, aunque sólo haya sido una vez.

El consumo de forma habitual de drogas ilegales (como la heroína) pueden causar graves dificultades respiratorias al niño en el momento de su nacimiento. El niño podría precisar de tratamiento o ser sometido a desintoxicación.

La cocaína puede perjudicar el desarrollo del feto y producir defectos de nacimiento, parto prematuro, hemorragias placentarias graves e incluso la muerte del feto.

Historial médico familiar

El médico le preguntará si algún miembro de la familia materna o paterna sufre trastornos hereditarios, tales como anemia drepanocítica o hemofilia (trastorno hemorrágico).

EXPLORACIÓN FÍSICA

Durante la primera visita prenatal, el médico practica una exploración física completa para valorar el estado general de su salud (véase abajo). También realiza una exploración (pélvica) interna (véase pág. 29) para examinar los órganos abdominales y pélvicos y para evaluar el crecimiento del útero y el tamaño y forma de la pelvis. En caso de no haberse practicado un frotis cervical (Papanicolaou) durante el último año, el médico lo hará en este momento.

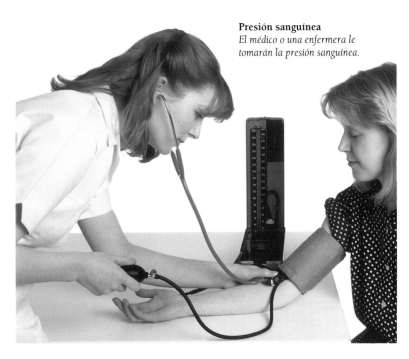

Presión sanguínea
El médico o una enfermera le tomarán la presión sanguínea.

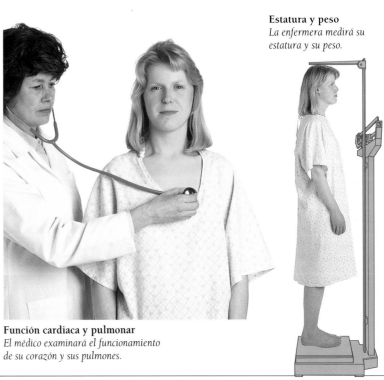

Estatura y peso
La enfermera medirá su estatura y su peso.

Función cardiaca y pulmonar
El médico examinará el funcionamiento de su corazón y sus pulmones.

Análisis de orina

Cuando concierte la primera visita prenatal, el médico le pedirá una muestra de orina para hacer una prueba de embarazo.

La muestra servirá también para determinar el nivel de glucosa (azúcar) y albúmina (proteína que no se encuentra habitualmente en la orina) y para detectar la posible presencia de sangre.

La glucosa en la orina puede ser un signo de diabetes, que quizá debera ser tratada para evitar complicaciones durante el embarazo. La presencia de albúmina o sangre en la orina puede indicar una infección de las vías urinarias o trastornos renales.

En estos casos, el médico realiza más pruebas para diagnosticar la enfermedad e instaurar el tratamiento apropiado.

ANÁLISIS DE SANGRE

Durante la primera visita prenatal el médico prescribe una serie de análisis de sangre. Además de los análisis descritos a continuación, la muestra de sangre puede ser analizada para la detección de la hormona gonadotropina coriónica humana que confirma el embarazo.

Extracción de una muestra de sangre
Una enfermera le tomará una muestra de sangre del brazo. La muestra será analizada para la detección de posibles anomalías o trastornos.

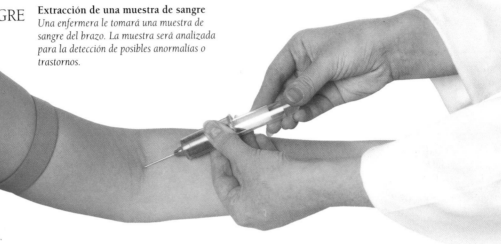

Nivel de hemoglobina
La hemoglobina es la sustancia de los eritrocitos que transporta el oxígeno. Durante el embarazo, el nivel de hemoglobina puede descender ligeramente debido al aumento de líquidos en el cuerpo. Si la hemoglobina desciende excesivamente, puede ser necesario instaurar tratamiento contra la anemia.

Grupo sanguíneo
En caso de ser necesaria una transfusión de sangre deberá determinarse el grupo sanguíneo (A, B o O). También se determinará el factor Rh (Rhesus) y se realizará una prueba de anticuerpos para detectar la presencia de anticuerpos Rh (u otros anticuerpos no habituales, véase pág. 79).

Prueba de inmunización contra la rubéola
En caso de infección por el virus de la rubéola durante el embarazo, la enfermedad puede causar graves trastornos al feto (cataratas o sordera, por ejemplo). Las mujeres que no han tenido la rubéola y tampoco han sido vacunadas son susceptibles de contraerla. Puesto que la vacuna no se puede administrar durante el embarazo, hay que evitar el contacto con las personas infectadas.

Pruebas del virus de la hepatitis B
La sangre también se analiza para la detección del virus de la hepatitis B. Este virus puede estar presente en la sangre sin causar síntomas. En tal caso, puede ser transmitido al feto durante el parto. Para impedir el desarrollo de la hepatitis en los niños nacidos de madres infectadas por el virus, inmediatemente después del nacimiento se inicia un proceso de inmunización.

Pruebas de la sífilis y el VIH
La sangre se analiza para la detección de la sífilis. Si esta enfermedad no se trata con antibióticos, sus efectos sobre el feto pueden ser graves. El médico puede recomendar también una prueba del VIH (el virus causante del SIDA).

Pruebas de tipos de hemoglobina anormales
En las mujeres de raza negra, asiáticas o de ascendencia mediterránea, la sangre se analiza para la detección de tipos anormales de hemoglobina, presentes en trastornos hereditarios como la anemia drepanocítica o la talasemia (formas de anemia, véase pág. 83). Estas enfermedades pueden verse agravadas durante el embarazo. También pueden afectar al feto.

VISITAS REGULARES

Durante la gestación, el médico controla la salud de la madre y el desarrollo del feto. Durante las primeras 28 semanas, las visitas suelen ser mensuales; hasta la semana 36 son quincenales y de la semana 36 hasta el parto semanales.

En el curso de estas visitas, una enfermera registra el peso y la presión sanguínea de la embarazada; también le pueden realizar análisis de sangre y orina (véase LAS PRUEBAS PRENATALES, pág. 53). El médico realiza una exploración interna (pélvica) para comprobar el curso del embarazo.

PRUEBAS OPCIONALES

Las mujeres embarazadas con riesgo de dar a luz a un niño anormal (véase COMPLICACIONES DURANTE EL EMBARAZO, pág. 57) son sometidas a pruebas adicionales para comprobar la normalidad del feto.

Antes de efectuar estas pruebas, la mujer debe pedir que el médico le explique sus ventajas e inconvenientes.

Determinación de la alfa-fetoproteína

La alfa-fetoproteína (AFP) es una proteína normal producida por el feto. Parte de la AFP llega al torrente sanguíneo de la madre a través de la placenta. El análisis de una muestra de sangre materna ayuda a determinar el nivel de AFP.

Los resultados de esta prueba son más precisos entre la decimosexta y la decimoctava semanas del embarazo.

Un nivel de AFP anormalmente alto, puede indicar un defecto del tubo neural del feto (deficiencia del desarrollo normal del cerebro o la columna vertebral). Un nivel de AFP anormalmente bajo, puede indicar el síndrome de Down.

Amniocentesis

La amniocentesis es un procedimiento consistente en la extracción de una muestra de líquido amniótico para su posterior análisis (véase derecha). Cuando se recomienda, la amniocentesis suele realizarse entre la decimosexta y la decimoctava semanas del embarazo. La amniocentesis se practica normalmente en las mujeres

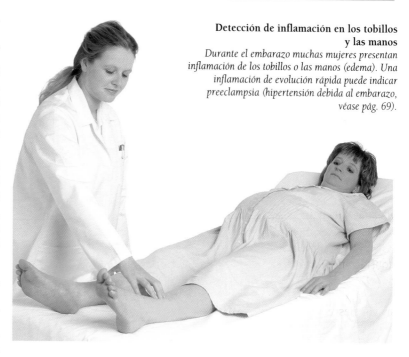

Detección de inflamación en los tobillos y las manos
Durante el embarazo muchas mujeres presentan inflamación de los tobillos o las manos (edema). Una inflamación de evolución rápida puede indicar preeclampsia (hipertensión debida al embarazo, véase pág. 69).

mayores de 35 años o en las que han tenido un resultado anormal en un análisis de AFP en sangre. Las células fetales del líquido amniótico pueden ser analizadas para detectar anomalías cromosómicas o trastornos genéticos simples (véase pág. 57). La amniocentesis supone un mínimo riesgo (0,5%) de causar un aborto. Se

Extracción de una muestra de líquido amniótico
La amniocentesis se hace guiándose con ultrasonidos (véase pág. 58). Después de inyectar un anestésico en la piel que cubre el abdomen se introduce una aguja a través del abdomen, en el saco amniótico y con la jeringa se extrae una muestra del líquido amniótico.

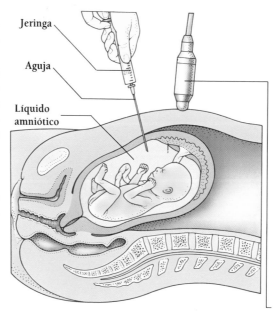

Jeringa

Aguja

Líquido amniótico

Transductor ultrasónico

DETERMINACIÓN DE LA GLUCOSA

Durante una de las visitas prenatales, muchos médicos realizan un análisis de sangre para la determinación de la glucosa, para detectar una enfermedad transitoria llamada diabetes gestacional (diabetes durante el embarazo). Normalmente, esta prueba se realiza entre la vigesimocuarta y la vigesimoctava semana del embarazo, o incluso antes si existe historial familiar de diabetes. La paciente toma una solución con alto contenido en glucosa (un tipo de azúcar). Transcurrida una hora, se tomará una muestra de sangre para comprobar el nivel de glucosa. Si es excesivamente alto, puede indicar diabetes gestacional. El médico puede recomendar pruebas adicionales.

considera un procedimiento más seguro y preciso que la extracción de una muestra de vellosidades coriónicas.

Muestra de vellosidades coriónicas

La toma de una muestra de vellosidades coriónicas (MVC) consiste en la extracción de tejido placentario para su posterior análisis (véase derecha).

Este procedimiento puede llevarse a cabo desde la sexta semana. El MVC se realiza cuando el feto tiene un alto riesgo de presentar anomalías o cuando la posible anomalía se debe detectar a la mayor brevedad posible, si se está considerando la interrupción del embarazo. El riesgo de dañar al feto es mayor con el MVC que con la amniocentesis y tiene también un mayor riesgo de provocar aborto (alrededor del 2%) que la amniocentesis.

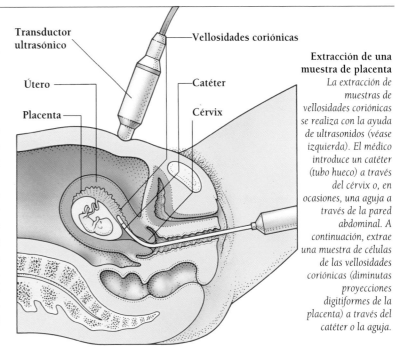

Transductor ultrasónico
Vellosidades coriónicas
Útero
Catéter
Placenta
Cérvix

Extracción de una muestra de placenta
La extracción de muestras de vellosidades coriónicas se realiza con la ayuda de ultrasonidos (véase izquierda). El médico introduce un catéter (tubo hueco) a través del cérvix o, en ocasiones, una aguja a través de la pared abdominal. A continuación, extrae una muestra de células de las vellosidades coriónicas (diminutas proyecciones digitiformes de la placenta) a través del catéter o la aguja.

COMPLICACIONES DURANTE EL EMBARAZO

Algunas mujeres tienen mayor riesgo de dar a luz un niño con una determinada anomalía. Estas anomalías se clasifican en trastornos cromosomáticos, trastornos del desarrollo o trastornos genéticos simples.

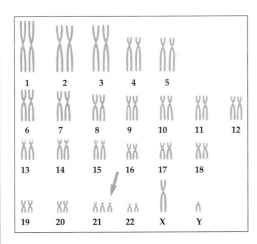

Trastornos cromosómicos
Los trastornos cromosómicos son enfermedades producidas por la alteración del número o la estructura de los cromosomas. El trastorno cromosómico más común es el síndrome de Down, en el que las células contienen un par extra del cromosoma 21 (flecha). Como ocurre con la mayoría de los trastornos cromosómicos, el riesgo de tener un hijo con el síndrome de Down aumenta en las mujeres que se quedan embarazadas a partir de los 35 años.

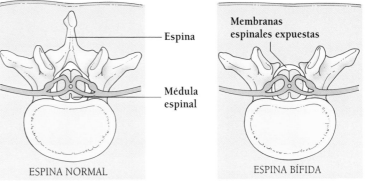

Espina
Membranas espinales expuestas
Médula espinal
ESPINA NORMAL
ESPINA BÍFIDA

Trastornos del desarrollo
Un pequeño porcentaje de fetos presenta un desarrollo anormal. La espina bífida (en la que los huesos de la columna vertebral no llegan a cerrarse, figura superior derecha, sección transversal) es una de las anomalías más comunes del desarrollo, que afecta a uno o dos de cada 1.000 niños nacidos vivos. Las mujeres que ya tienen un hijo afectado tienen 10 veces más probabilidades de tener otro hijo con la misma enfermedad que la media.

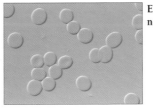
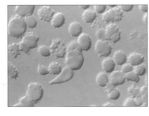

Eritrocitos normales
Eritrocitos talasémicos

Trastornos genéticos simples
Los trastornos genéticos simples se deben al defecto de un único par de genes. Estos trastornos pueden deberse la herencia por el niño de una copia única de un gen anormal de uno de los progenitores o de dos copias de un gen anormal (uno de cada progenitor). Este tipo de trastornos se puede producir también cuando el espermatozoide o el óvulo lleva una mutación nueva (alteración de su material genético). Ejemplos de trastorno genético simple son la hemofilia (trastorno hemorrágico) y la talasemia (una forma de anemia). En las figuras de arriba, se aprecian eritrocitos talasémicos (derecha) y normales (izquierda).

DIAGNÓSTICO POR ULTRASONIDOS (ECOGRAFÍA)

El diagnóstico por ultrasonidos emplea energía en forma de ondas sonoras dirigidas hacia una parte específica del cuerpo. Las ondas sonoras se reflejan en los órganos internos (y, durante el embarazo, en el feto) y se convierten en imagen en la pantalla de un monitor. Las ondas sonoras no perjudican al feto ni a la madre. El médico puede recomendar una ecografía por una o varias de las razones que se describen a continuación.

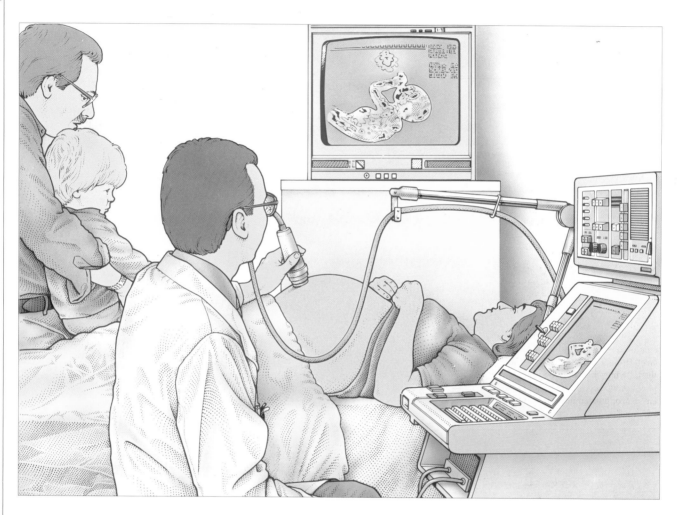

Para comprobar el tamaño del feto

La imagen por ultrasonidos puede servir para comprobar el tamaño del feto, lo que permite al médico calcular su edad. Quizá no exista otro medio para la determinación exacta de la edad del feto si, por ejemplo, la mujer no recuerda la fecha de su última menstruación con exactitud o si dejó de tomar anticonceptivos orales justo antes del embarazo.

Para detectar los latidos cardiacos fetales

La ecografía revela el corazón del feto ya a las 6 semanas después del último período menstrual. A partir de la décima o la duodécima semanas, se puede realizar una ecografía Doppler (una forma de examen por ultrasonidos capaz de detectar el movimiento, incluido el flujo sanguíneo a través de los vasos) para examinar los latidos del corazón del feto.

En caso de hemorragias vaginales o dolores inusuales durante el embarazo

En caso de hemorragias vaginales o dolores inusuales durante el embarazo se puede realizar una ecografía para confirmar el desarrollo del feto en el útero –y no en una de las trompas de Falopio (embarazo ectópico)– y para comprobar el bienestar del feto y la posición de la placenta en la pared uterina.

Para identificar la posición del feto

La ecografía se puede emplear en caso de que sea difícil determinar la posición del feto. Durante la mayor parte del embarazo la cabeza del feto se encuentra hacia arriba, en el útero. Hacia el final de la gestación, el feto suele girar la cabeza hacia abajo, preparándose para el parto. Normalmente, los médicos pueden confirmar la posición fetal por medio de una exploración física.

Para guiar la amniocentesis, o el muestreo de vellosidades coriónicas o de sangre fetal

Normalmente se practica una ecografía para poder ver al feto y la placenta durante la amniocentesis, o la toma de muestreos de vellosidades coriónicas o de sangre fetal.

Para la valoración del crecimiento fetal

El examen por ultrasonidos se puede emplear si el médico considera, por el tamaño del abdomen, que el feto no crece bastante o crece demasiado rápidamente. Una segunda ecografía, realizada unas 3 o 4 semanas más tarde, puede determinar el ritmo de

Para detectar un embarazo múltiple

Si el médico sospecha la presencia de más de un feto, puede realizar una ecografía para determinar el número de fetos en el útero.

Para detectar anomalías fetales

La ecografía contribuye a identificar algunas anomalías del crecimiento fetal. La ecografía puede determinar también el sexo del feto, información que puede ser importante en caso de historia familiar de enfermedades hereditarias que suelen afectar sólo a los varones (como la distrofia muscular tipo Duchenne). Si los padres consideran la interrupción del embarazo, pueden necesitarse pruebas adicionales.

Muestra de sangre fetal

Se puede extraer y analizar una muestra de sangre del cordón umbilical del feto para determinar si tiene anemia o para detectar ciertos tipos de trastornos hereditarios. Con ayuda de ultrasonidos, se extrae sangre a través de una aguja insertada en uno de los vasos sanguíneos del cordón umbilical.

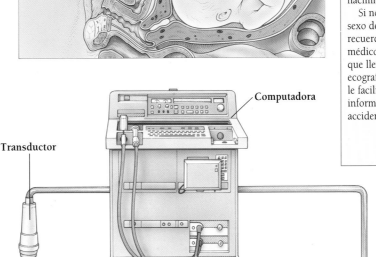

Transductor ultrasónico

Cordón umbilical

¿NIÑO O NIÑA?

La ecografía es una prueba opcional (no forma parte de los cuidados prenatales de rutina) y no se debe realizar solamente para determinar el sexo del niño. Pero, dado que la ecografía es apropiada en una variedad de circunstancias, su realización es bastante común.

Una ecografía llevada a cabo a partir de la decimoctava semana puede revelar (según la posición del feto en el momento de efectuarla) si el niño será varón o mujer.

Algunas parejas quieren saberlo, otras prefieren ser sorprendidas en el momento del nacimiento.

Si no desea saber el sexo de su hijo, recuerde decírselo al médico o al especialista que llevará a cabo la ecografía para que no le facilite esta información accidentalmente.

Computadora

Transductor

Pantalla

Cómo se practican las ecografías

Un aparato llamado transductor se mueve sobre la superficie abdominal. (En los estadios más tempranos del embarazo, se puede emplear un transductor introducido en la vagina para visualizar el feto con más claridad.) Las ondas sonoras emitidas por el transductor penetran en el cuerpo y son reflejadas por los órganos internos y el feto. Estas ondas sonoras son traducidas en imágenes en una pantalla de ordenador.

Ondas sonoras

Imagen del feto

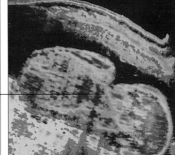

CUIDADOS DE LA SALUD DE LA EMBARAZADA

L OS CUIDADOS durante el embarazo son importantes, tanto para la salud de la madre como para la del niño. La madre puede hacer mucho para proporcionar a su hijo el mejor comienzo posible en la vida: tal como comer bien, descansar mucho y hacer ejercicio regularmente. El embarazo puede suponer un cambio de la rutina sanitaria cotidiana.

La dieta equilibrada forma parte esencial de los buenos cuidados durante el embarazo. Seguir una dieta compuesta por alimentos sanos y variados proporciona a la madre y al niño las proteínas, vitaminas, minerales y otras sustancias nutritivas apropiadas. Pero hay que recordar que comer bien no significa comer mucho y ganar demasiado peso.

Aumento de peso durante el embarazo
Si una mujer gana unos 12 kilos al final del embarazo, el peso adicional estará distribuido aproximadamente de la siguiente manera.

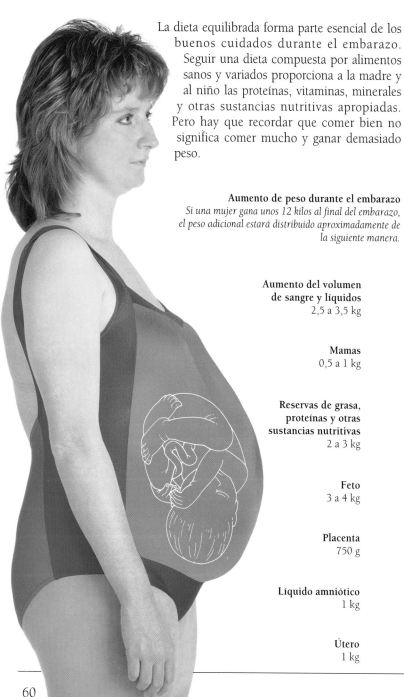

Aumento del volumen de sangre y líquidos
2,5 a 3,5 kg

Mamas
0,5 a 1 kg

Reservas de grasa, proteínas y otras sustancias nutritivas
2 a 3 kg

Feto
3 a 4 kg

Placenta
750 g

Líquido amniótico
1 kg

Útero
1 kg

ALIMENTACIÓN SENSATA

Un aumento razonable de peso durante el embarazo ayuda al cuerpo femenino a nutrir al feto. La mayoría de las mujeres ganan entre 12 y 15 kilos. El médico puede aconsejar acerca del aumento de peso más apropiado para cada persona.

Durante la gestación, el ritmo metabólico aumenta, es decir, la energía de los alimentos (en forma de calorías) se consume con mayor rapidez. La mayoría de las mujeres embarazadas deben aumentar su aporte calórico en 300 calorías al día. Estas calorías adicionales son necesarias para el crecimiento del feto y la placenta, además para el desarrollo y los cambios de los tejidos corporales.

Yogur (230 gramos)
7,7 gramos de proteínas

Guisantes o judías (60 gramos)
15 gramos de proteínas

Huevos (1 grande)
6,5 gramos de proteínas

Pescado (115 gramos)
34 gramos de proteínas

Leche (920 gramos)
41,3 gramos de proteínas

Proteínas
Durante el embarazo la mujer precisa entre 10 y 15 gramos de proteínas, además de los 45 gramos normalmente requeridos por día. Son alimentos ricos en proteínas los huevos, la leche y los productos lácteos, la carne magra, el pollo, el pescado, las judías y los guisantes secos.

Una dieta bien equilibrada

La ingestión de alimentos sanos ayudan al feto a crecer y desarrollarse. Se debe seguir diariamente una dieta variada y bien equilibrada que incluya frutas y verduras, productos integrales, alimentos proteicos, leche y productos lácteos.

Las grasas proporcionan calorías adicionales y son ricas en vitaminas A y D. Las grasas no deben constituir más del 30% del aporte calórico total, y se deben consumir sobre todo grasas no saturadas, tales como las contenidas en la mayoría de los aceites vegetales y determinadas margarinas. Es aconsejable examinar con detenimiento las etiquetas de los alimentos.

El arroz y el pan integral tienen un alto contenido en hidratos de carbono no refinados y son buenas fuentes de vitaminas, minerales y fibra. Los dulces contienen hidratos de carbono en forma de féculas y azúcar refinados, su valor nutritivo es bajo y su contenido en fibras reducido.

Vitaminas y minerales

Normalmente, durante el embarazo, una dieta bien equilibrada proporciona cantidades suficientes de vitaminas, minerales y sustancias nutritivas; pero el médico puede aconsejar acerca de la necesidad de complementos vitamínicos y minerales.

Algunas mujeres presentan déficit en hierro y de calcio, particularmente durante el último trimestre de la gestación, cuando las necesidades del feto aumentan. Abajo y a la derecha se muestran algunos alimentos ricos en minerales esenciales.

El cuerpo de la embarazada necesita mayor cantidad de ácido fólico (vitamina) para producir ácidos nucleicos, esenciales para la rápida división celular. Puesto que el cuerpo no puede almacenar ácido fólico, los médicos recomiendan tomar 0,4 miligramos diarios durante el embarazo. Son alimentos ricos en ácido fólico la carne, las verduras, los frutos secos y el pan integral.

Frutos secos (55 g)
2 mg de hierro

**Pan integral
(2 rebanadas)**
1,4 mg de hierro

Solomillo (220 g)
5,6 mg de hierro

Sardinas (115 gramos)
400 miligramos
de calcio

Queso (29 gramos)
200 miligramos
de calcio

Nueces (90 g)
2 mg de cinc

Germen de trigo (30 g)
4,7 mg de cinc

Brécol (110 g)
0,9 mg de hierro

Espinacas (115 gramos)
105 miligramos
de calcio

Leche (920 gramos)
720 miligramos
de calcio

Cangrejo (55 g)
2,5 mg de cinc

Huevos (1 grande)
0,7 mg de cinc

Pollo (110 g)
1,5 mg de hierro

Hierro
A medida que aumenta el volumen sanguíneo durante el embarazo, la embarazada necesita 30 mg diarios de hierro para producir la hemoglobina (sustancia portadora de oxígeno en los eritrocitos) necesaria para el mayor número de eritrocitos. Los alimentos ricos en hierro son las carnes rojas, el hígado, el marisco, el pollo, algunas verduras, los frutos secos y el pan integral.

Calcio

El calcio es esencial para el desarrollo de los dientes y los huesos del feto. Durante el embarazo, la mujer necesita unos 1.200 mg de calcio al día. Son alimentos ricos en calcio la leche, el queso, las verduras y el pescado en conserva, como las sardinas. Las fuentes de calcio deben incluir un litro de leche descremada al día. La leche contiene también vitamina D, necesaria para que el cuerpo pueda absorber el calcio.

Cinc

El cuerpo necesita cinc para crecer y producir energía. La cantidad diaria recomendada durante el embarazo es de 20 mg. Los alimentos con alto contenido en cinc incluyen los mariscos, los cereales integrales, las carnes, los huevos, la leche, los frutos secos y el germen de trigo.

FIBRAS Y LÍQUIDOS

Las fibras y los líquidos desempeñan un papel esencial en los procesos digestivos. Las dietas ricas en fibras y la ingesta abundante de líquidos facilitan la elevación fecal y pueden ayudar a prevenir el estreñimiento.

Alimentos ricos en fibra

La dieta de la embarazada debe contener entre 20 y 30 g de fibra diarios. A continuación, se describe una selección de alimentos ricos en fibra.

Almendras (55 g)
8 g de fibra

Albaricoques secos (55 g)
14 g de fibra

Guisantes (110 g)
8 g de fibra

Plátanos (200 g)
3,5 g de fibra

Pan integral (4 rebanadas)
8 g de fibra

Salvado (1/2 cucharada)
3 g de fibra

Beba líquidos abundantes

Es muy importante beber muchos líquidos durante el embarazo, para preservar bien la función renal y prevenir el estreñimiento. Se deben tomar al menos 6 a 8 vasos diarios de líquido.

Durante la gestación aumenta asimismo la necesidad de otras vitaminas, como la B y la C. La vitamina B_6 es esencial para el desarrollo del sistema nervioso fetal; los requerimientos diarios recomendados durante el embarazo son de 2,5 miligramos. Los alimentos ricos en vitamina B_6 incluyen la carne, el pescado, el pollo, los productos integrales, las patatas y los plátanos.

La vitamina B_{12} es necesaria para la producción de eritrocitos y el desarrollo del sistema nervioso del feto. Aunque el déficit en vitamina B_{12} es raro durante el embarazo (salvo en las mujeres que siguen una dieta vegetariana estricta), algunos médicos aconsejan aumentar el aporte diario recomendado de 2 a 3 microgramos. Los alimentos ricos en vitamina B_{12} incluyen el pescado, la leche, el hígado y los cereales enriquecidos.

La alimentación diaria debe contener sustancias ricas en vitamina C, ya que esta vitamina no puede ser almacenada en el cuerpo (véase abajo).

1/2 pomelo (180 g)
37 mg de vitamina C

Fresas (110 g)
67 mg de vitamina C

Pimientos verdes (110 g)
145 mg de vitamina C

Vitamina C

La vitamina C es esencial para el crecimiento del feto y el desarrollo de huesos y dientes sanos. La cantidad de vitamina C recomendada durante el embarazo es de 80 mg diarios. Las frutas frescas y las verduras son una buena fuente de vitamina C.

Dietas vegetarianas

Una dieta vegetariana que esté bien planificada y que incluya queso, leche, huevos, cereales, frutos secos, verduras y frutas, puede constituir un régimen apropiado para un embarazo sano. En caso de seguir un régimen vegetariano, es mejor consultar al médico para asegurarse de que toma todas las sustancias nutritivas necesarias.

HÁBITOS SANOS

♦ El tabaco no sólo perjudica a la madre sino también al feto. Si no ha dejado de fumar antes de quedarse embarazada, hágalo ahora.

♦ No existe un nivel de consumo de alcohol que no plantee riesgos durante el embarazo. No tome bebidas alcohólicas mientras está embarazada.

♦ Procure evitar la cafeína ya que el exceso de cafeína puede aumentar el ritmo cardiaco del feto.

♦ Su cuerpo sólo necesita una cantidad moderada de sal, no se exceda.

LAS DROGAS Y EL EMBARAZO

No tome drogas ni medicamentos durante el embarazo sin consultar antes al médico. Las sustancias potencialmente peligrosas no sólo incluyen las drogas ilegales sino también muchos medicamentos para los que no se requiere receta médica. En caso de tomar medicamentos contra enfermedades como la hipertensión o la epilepsia, es mejor consultar al médico antes de intentar quedarse embarazada: podría aconsejar variar el tratamiento si lo considera necesario. El consumo de algunos medicamentos no debe interrumpirse bruscamente. En la tabla inferior se resumen los riesgos potenciales planteados por algunos medicamentos para la mujer embarazada y el feto, aunque estos riesgos suelen ser muy inferiores a los derivados de una brusca interrupción del tratamiento.

Medicamentos sin receta médica durante el embarazo
Antes de tomar un medicamento durante el embarazo consulte a su médico. Incluso los jarabes contra la tos y los calmantes pueden afectar al feto.

Inhibidores de la enzima conversora de angiotensina (ECA)
Recetados en caso de hipertensión.
Los inhibidores de la ECA administrados durante el segundo o el tercer trimestres del embarazo pueden tener efectos secundarios graves sobre el feto: hipotensión, trastornos renales, defectos congénitos e incluso la muerte.

Anticoagulantes
Recetados para prevenir la formación de coágulos o evitar el desarrollo de coágulos ya existentes.
Aunque la heparina es relativamente inofensiva durante el embarazo, puede producir hemorragias excesivas durante el parto. La warfarina puede producir malformaciones en el feto si toma durante los primeros meses del embarazo. Si se administra poco antes del parto la warfarina puede causar hemorragias excesivas durante el alumbramiento.

Anticonvulsivos
Recetados principalmente para prevenir ataques epilépticos.
Los anticonvulsivos pueden producir malformaciones en el feto. El riesgo es mayor si se receta más de un medicamento anticonvulsivo. La carbamacepina y la etosuximida pueden causar defectos del tubo neural en el feto, tales como la espina bífida (los huesos de la columna vertebral no llegan a cerrarse) durante el primer trimestre del embarazo. El fenobarbital, la fenitoína y el ácido valproico pueden producir malformaciones en el feto y lesiones hepáticas o hemorragias internas tras el nacimiento.

Tetraciclinas
Grupo de antibióticos indicados contra las infecciones.
Las tetraciclinas pueden afectar al desarrollo óseo y dental del feto y causar cambios permanentes del color de los dientes.

Aspirina y otros medicamentos antiinflamatorios no esteroideos (AINE)
Recetados principalmente para aliviar el dolor, la rigidez muscular y la inflamación, y para reducir la fiebre.
La aspirina (y, posiblemente, los demás AINE) puede afectar al mecanismo de coagulación de la sangre del feto, producir lesiones pulmonares e hipertensión pulmonar (aumento de la presión sanguínea en las arterias que van a los pulmones) y afectar negativamente su función hepática. Estos medicamentos también pueden afectar negativamente a la mujer embarazada, prolongando el período de la gestación o la duración del parto y produciendo fuertes hemorragias durante el parto.

Betabloqueantes
Recetados contra la hipertensión, la angina, las alteraciones del ritmo cardiaco y el temblor en las manos.
Los betabloqueantes pueden retrasar el crecimiento del feto y hacer más lento su ritmo cardiaco, además de reducir la presión sanguínea y los niveles de glucosa (un azúcar) en la sangre del recién nacido.

Isotretinoína
Recetada contra el acné y otros trastornos cutáneos.
La isotretinoína puede causar graves malformaciones en el feto (incluso si la exposición es limitada) y aumenta el riesgo de aborto.

Sulfonamidas
Grupo de medicamentos antibacterianos recetados contra las infecciones de las vías urinarias, los ojos, los oídos, la piel y el sistema respiratorio.
Los antibióticos sulfonamídicos pueden afectar adversamente a la función hepática del feto (e incluso producirle lesiones cerebrales) y causarle trastornos sanguíneos.

Cambios en las encías

El aumento del nivel de progesterona durante el embarazo hace que las encías estén blandas y esponjosas, lo que permite la proliferación de bacterias entre las encías y los dientes. En algunos casos, aparece inflamación (véase abajo), que suele desaparecer después del parto sin necesidad de tratamiento.

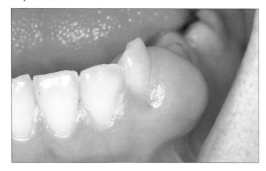

Higiene dental

Durante el embarazo, los dientes y las encías son más susceptibles a las infecciones (véase arriba).

Las molestias habituales de la gestación pueden afectar los hábitos de higiene dental. La introducción del cepillo hasta la parte posterior de la cavidad bucal, por ejemplo, provoca el vómito en mujeres afectadas por náuseas y mareos.

La limpieza bucal y los chequeos deben ser frecuentes durante el embarazo. Hay que informar al dentista del embarazo, particularmente si se han de tomar radiografías. El dentista adaptará el tratamiento a la urgencia del caso y al estadio del embarazo.

Durante la gestación, el uso de anestésicos locales en los intervenciones dentales no plantea riesgos.

Radiografías durante el embarazo

Las mujeres embarazadas o que intentan concebir, no deben someterse a radiografías, salvo que sea imprescindible y no se pueda posponer.

Los rayos X pueden dañar al feto y aumentar el riesgo de leucemia u otros tipos de cáncer en la niñez.

El riesgo de la radiografía es más elevado si la mujer se encuentra en el primer trimestre de la gestación.

Si la radiografía es absolutamente necesaria y la mujer está embarazada o cree poder estarlo, debe informar al radiólogo o al médico. Un protector de plomo colocado sobre el abdomen mientras se toma la radiografía ayuda a proteger al feto.

Terminales de vídeo

Algunos estudios han demostrado que el uso de terminales de vídeo durante el embarazo no plantea problemas de radiación apreciables relacionados con abortos y defectos congénitos. Los niveles de radiación emitidos por las terminales de vídeo se encuentran muy por debajo de los estándares de seguridad actuales. No obstante, sigue habiendo preocupación acerca de posibles riesgos aún no demostrados y se mantiene la controversia científica.

Pezones planos o invertidos

Si sus pezones están planos o invertidos el médico le puede recomendar el uso de pezoneras debajo el sujetador. Las pezoneras atraen suavemente los pezones hacia fuera para facilitar la lactación. Normalmente, las pezoneras se llevan unas cuantas horas al día, a partir de la decimoquinta semana del embarazo.

Relaciones sexuales durante el embarazo

Normalmente, la relación sexual puede realizarse durante la gestación sin riesgo para el feto, que se encuentra bien protegido en el interior del saco amniótico, puesto que la entrada al útero está cerrada con un tapón de moco. A medida que avanza el embarazo, la pareja debe evitar apoyar el peso directamente sobre el abdomen.

Preparación para la lactancia

Si la mujer piensa dar de mamar a su hijo, debe empezar a preparar sus pezones durante el último mes del embarazo para evitar problemas en la lactancia.

Debe llevar un sujetador que se adapte bien, para ayudar a los músculos a sostener el mayor peso de las mamas.

La exposición de los pezones a la luz y el aire, siempre que sea posible, ayuda a endurecerlos.

Consulte al médico las técnicas que puede emplear para que el niño coja los pezones más fácilmente.

VIAJES

Los viajes largos pueden causar cansancio durante el embarazo, especialmente durante los últimos 3 meses. Consulte siempre al médico si piensa viajar. Aquí damos algunos consejos interesantes para hacer el viaje más cómodo y relajado.

◆ Procure planificar su viaje de modo que tenga tiempo para relajarse y descansar.

◆ Si se desplaza a otra ciudad, su médico le puede recomendar a un especialista local. Si no es posible, no se olvide de pedir el número de teléfono y la dirección del hospital más cercano, para caso de urgencia.

Viajes aéreos
Consulte siempre al médico antes de emprender un viaje en avión. Consulte también con la compañía; algunas tienen normas especiales para las mujeres embarazadas. Durante el vuelo, levántese para estirar las piernas cada hora, ya que si permanece sentada mucho tiempo puede sufrir inflamación y calambres en las piernas.

◆ Lleve ropa holgada y zapatos cómodos.

Cómo ajustarse el cinturón del coche
Átese el cinturón en el punto más bajo posible del abdomen. Pase la cinta superior por el centro del tórax.

◆ Póngase una almohada o un cojín detrás de la espalda o el cuello.

◆ Beba líquidos abundantes y coma alimentos ricos en fibra. Los cambios de la dieta y los horarios pueden producir estreñimiento.

Preparación de los hijos

Si tiene más hijos, debe hablarles del nuevo hermanito y de las cosas especiales que pueden hacer los mayores.

Es mejor incluir a los hijos en los preparativos para traer el niño a casa: llevarlos de compras para el nuevo niño o permitirles que ayuden en la decoración de su habitación.

Es aconsejable explicarles los arreglos hechos con un amigo o un familiar para que cuide de ellos cuando llegue el momento del parto.

Explique lo que va a suceder
Antes de ir al hospital, explique a sus hijos cuánto tiempo espera permanecer allí, asegúreles que les llamará desde el hospital y que ellos también la pueden llamar siempre que quieran. Si el hospital permite la visita a niños, dígales que pueden ir a verla a usted y al recién nacido.

EJERCICIO DURANTE EL EMBARAZO

El ejercicio regular durante el transcurso del embarazo ayuda a controlar el peso, prepara para la experiencia física del parto y contribuye a una pronta recuperación de la tensión después del alumbramiento. El ejercicio puede reducir o eliminar también algunas de las pequeñas molestias, como el estreñimiento y el dolor de espalda.

El médico le puede aconsejar acerca del programa de ejercicios más adecuado. Algunas clases de ejercicios están especialmente ideadas para mujeres embarazadas. Las mujeres acostumbradas a ejercicios vigorosos, como el jogging o el tenis, pueden seguir normalmente realizándolos durante el embarazo, siempre que no les produzcan molestias.

La gestación no es el momento de iniciar un programa de ejercicios vigorosos; es mejor empezar con ejercicios ligeros, aumentando el número gradualmente.

ADVERTENCIA

Consulte a su médico antes de emprender un programa de ejercicios, especialmente si espera gemelos o tiene alguna de las siguientes enfermedades:

♦ Anemia
♦ Diabetes
♦ Palpitaciones
♦ Hipertensión
♦ Historial de hemorragias
♦ Falta de peso
♦ Obesidad
♦ Trastornos tiroideos
♦ Historial de partos prematuros, abortos u otros trastornos relacionados con el embarazo.

CONSEJOS ACERCA DEL EJERCICIO

♦ Haga ejercicios de calentamiento y enfriamiento antes y después del ejercicio.
♦ Deje de practicar tan pronto como se sienta cansada o disneica.
♦ Beba líquidos abundantes antes y después del ejercicio, para evitar la deshidratación.
♦ Lleve ropa holgada y varias prendas que se pueda ir quitando cuando empieza a sentir calor, un sujetador firme y zapatos cómodos que sostengan los pies y los tobillos.

Natación
La natación puede ser agradable durante el embarazo, ya que el agua evita sudar con el ejercicio y alivia el peso de los pies y las piernas.

Ejercicios pélvicos
Los ejercicios del suelo de la pelvis fortalecen los músculos pélvicos y preparan para el parto. Siéntese juntando las plantas de los pies y cogiéndose los tobillos con las manos. Mantenga los hombros relajados. Contraiga los músculos que rodean la vagina (los músculos que empleamos para detener el flujo de la orina) y el ano. Manténgalos contraídos durante 8 a 10 segundos; relájelos lentamente. Practique este ejercicio durante varios minutos dos o tres veces al día.

Andar
Andando se puede mantener la buena forma física durante el embarazo. No olvide de llevar zapatos que se adapten y sujeten bien los pies.

Flexibilización y tonificación
El ejercicio en cuclillas como en la figura, puede fortalecer los músculos de la espalda y de los muslos, y mejorar la flexibilidad de las articulaciones pélvicas.

CLASES DE PREPARACIÓN PARA EL PARTO

Las clases de preparación para el parto ayudan a los futuros padres enseñándoles lo que deben saber sobre el embarazo y el parto. El enfoque y la amplitud de estas clases varía.

Los temas tratados en estas clases pueden incluir los cuidados prenatales, el progreso de la gestación, el proceso del parto, los métodos de alumbramiento y los cuidados del recién nacido.

Si la gestante desea asistir a una clase de preparación para el parto, es mejor que elija una que le sea recomendada por el médico para que no haya conflictos que interfiera entre sus métodos y filosofías.

Algunas clases de preparación al parto siguen un método de parto estructurado mientras que otras se centran más en la comprensión y respuesta a las sensaciones y necesidades del cuerpo.

El método Lamaze, por ejemplo, enseña técnicas de relajación y preparación física haciendo hincapié en pautas respiratorias dirigidas, activas y rápidas.

El método de Bradley, por su parte, incluye la instrucción sobre la importancia de la buena salud y la nutrición durante el embarazo. Enseña ejercicios de preparación física, haciendo especialmente hincapié en la respiración lenta y profunda y en la necesidad de la relajación profunda.

Un esfuerzo en equipo
Las clases de preparación para el parto hacen hincapié en desarrollar un equipo funcional y de apoyo entre la mujer, su compañero y el personal sanitario. Las clases de preparación para el parto ofrecen la oportunidad de compartir experiencias, hacer preguntas y practicar técnicas de respiración y relajación.

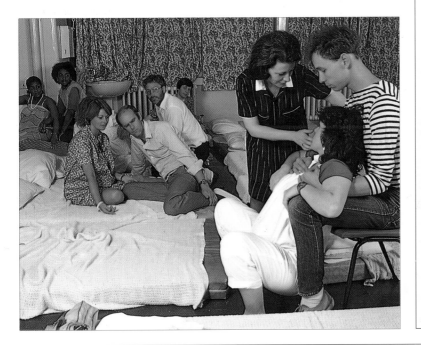

PREGUNTE A SU MÉDICO CÓMO CUIDARSE

P Antes de saber que estaba embarazada, bebí un par de vasos de vino en una fiesta, a la semana siguiente descubrí que estaba en estado de buena esperanza y no he vuelto a tomar alcohol desde aquella fiesta. Sé que el alcohol es peligroso durante el embarazo. ¿Puedo haber perjudicado a mi hijo?

R Es probable que no. La etapa crítica en la que el feto se puede ver perjudicado por el alcohol es entre la sexta y la duodécima semana, pero dado que no existe un nivel de consumo de alcohol establecido como inofensivo durante el embarazo, es importante abstenerse del consumo de bebidas alcohólicas.

P ¿Cuánto tiempo podré seguir trabajando ahora que estoy esperando un niño?

R Hable con su médico para determinar cuánto tiempo puede seguir trabajando. Muchos especialistas creen que se debe dejar de trabajar a la 38ª semana del embarazo. Si no existen problemas de salud, no hay razón por la que debe dejar de trabajar, siempre que el tipo de actividad laboral no suponga un riesgo para la madre ni para el feto.

P Antes de quedarme embarazada me gustaba la sauna y los baños de vapor. ¿Es peligroso mantener estas actividades ahora que espero un hijo?

R Probablemente sí. Las saunas, los baños de vapor y los baños calientes elevan la temperatura del cuerpo por encima de los 38,5° C, lo que puede ser peligroso para el desarrollo del feto, especialmente durante los primeros meses del embarazo.

TRASTORNOS DEL EMBARAZO

L A MAYORÍA DE LAS MUJERES tienen embarazos normales y sanos. Aunque en ocasiones un embarazo puede causar molestias menores, la mayor parte de los trastornos que surgen no son graves, aunque algunos pueden ser peligrosos para la madre y/o el feto en desarrollo. Se debe estar alerta a los signos de advertencia de los trastornos que requieren atención médica. Si se siente preocupada o insegura respecto al significado de algún síntoma, consulte a su médico.

Algunos trastornos pueden aparecer poco después de la concepción, impidiendo el progreso normal de la gestación, otros se pueden tratar y puede continuar el embarazo.

TRASTORNOS TEMPRANOS

La mujer embarazada que tiene hemorragias vaginales en cualquier momento del embarazo debe consultar al médico inmediatamente, ya que las hemorragias pueden ser un signo precoz de aborto (véase pág. 84). En algunos casos, un aborto producido en la etapa inicial del embarazo puede parecer una regla abundante.

Aproximadamente uno de cada cinco embarazos termina en aborto durante los primeros tres meses, normalmente a causa de una anomalía cromosómica del embrión.

En ocasiones, el óvulo fecundado no se implanta en la pared uterina, sino en otro punto abdominal, normalmente en la trompa de Falopio. Esto se llama embarazo ectópico (véase pág. 86).

Los embarazos ectópicos causan dolor abdominal intenso y requieren una intervención quirúrgica inmediata para poder extraer el embrión.

Mola hidatidiforme

La mola hidatidiforme es un tumor benigno, raro, formado de tejido placentario en el que no pudo desarrollarse el embrión. El tumor produce grandes cantidades de gonadotropina coriónica humana, que puede causar náuseas y vómitos intensos. El tumor se extirpa por succión del contenido uterino.

Las mujeres a las que se extirpa este tipo de tumor deben someterse periódicamente a exámenes de control y análisis de sangre durante un período de al menos un año, puesto que existe un pequeño riesgo de formación de un tumor canceroso.

Un tumor raro
La mola hidatidiforme es un tipo de tumor raro que se forma en los tejidos placentarios. Su aspecto recuerda un racimo de uvas y se diagnostica mediante ecografía o análisis de sangre u orina, que pueden detectar los altos niveles de gonadotropina coriónica humana producidos por el tumor.

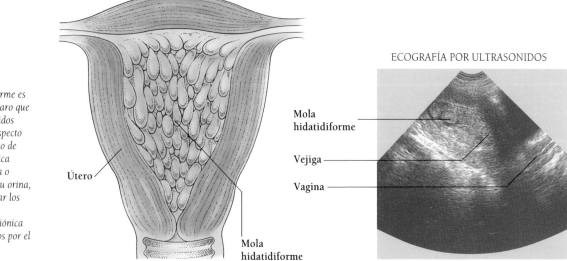

Útero

Mola
hidatidiforme

ECOGRAFÍA POR ULTRASONIDOS

Mola
hidatidiforme

Vejiga

Vagina

PREECLAMPSIA Y ECLAMPSIA

La preeclampsia es un cuadro grave en el que la presión sanguínea de la mujer se eleva gradualmente hasta un nivel anormal. Este cuadro puede aparecer en la segunda mitad del embarazo.

Las mujeres con preeclampsia presentan también edema (acumulación de líquido en los tejidos corporales).

Si no se trata, la preeclampsia puede progresar a una eclampsia, afección que causa ataques convulsivos potencialmente fatales para la mujer y/o el feto.

No se conocen las causas de la preeclampsia. Una teoría la atribuye a una reacción anormal del sistema inmunológico materno ante la presencia del feto, lo que estimula la liberación de sustancias químicas que causan la contracción de los vasos sanguíneos de la madre. El estrechamiento de los vasos sanguíneos da lugar a un aumento de la presión.

La preeclampsia se presenta con más frecuencia en el primer embarazo, y las probabilidades de aparición aumentan si la mujer tiene un historial de diabetes, hipertensión o enfermedades renales.

Normalmente, las mujeres con preeclampsia deben ser hospitalizadas para su evaluación y tratamiento.

La preeclampsia leve puede tratarse con reposo en cama y limitación del aporte dietético de sodio.

También se pueden administrar medicamentos reductores de la presión sanguí-

Análisis de orina para detectar la preeclampsia
Si el médico sospecha la posibilidad de preeclampsia puede ordenar un análisis de orina. El especialista introduce una varilla tratada químicamente en una muestra de orina. Un cambio de color indica la presencia de proteína en la orina, uno de los signos de preeclampsia.

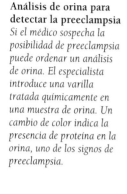

Signos de advertencia
Los síntomas de la preeclampsia incluyen dolores de cabeza intensos y persistentes, aumento de peso repentino, náuseas, vómitos, dolores abdominales y visión borrosa.

¿Qué es un fibroma?
Los fibromas son tumores no cancerosos formados por tejidos musculares y conjuntivos que se forman en la pared uterina. El médico sospecha la presencia de un fibroma si el útero parece ser excesivamente grande para el estadio del embarazo. Es posible palpar un bulto firme e irregular a través de la pared abdominal.

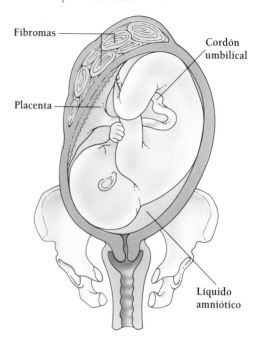

Fibromas

Cordón umbilical

Placenta

Líquido amniótico

nea. Estos tratamientos pueden mejorar temporalmente el estado de la paciente, sin embargo, si la presión sanguínea sigue elevándose y se produce preeclampsia grave, el médico puede optar por un parto inducido dado que la única «cura» para la preeclampsia es la terminación del embarazo.

FIBROMAS

Los fibromas son tumores no cancerosos de los músculos uterinos. Estos tumores constituyen el tipo de tumor que más afecta a las mujeres mayores de 30 años, y aparecen en un 7% de las mujeres embarazadas.

En muchos casos los fibromas no producen síntomas, especialmente si son pequeños. La mayoría de las mujeres embarazadas que tienen fibromas dan a luz sin problemas, pero los fibromas grandes pueden obstaculizar el paso del niño durante el parto, según su posición en el útero; en algunos casos es necesaria una cesárea.

Con frecuencia, el tamaño de los fibromas se reduce después del parto y no requieren tratamiento.

TRASTORNOS DE LA PLACENTA

Uno de los factores cruciales para el desarrollo del feto es la salud de la placenta. La placenta es el lazo vital entre el cuerpo de la madre y el del feto.

PLACENTA PREVIA

La placenta previa consiste en la implantación de la placenta en un punto anormalmente bajo en el útero. Su causa es desconocida, aunque quizá desempeñen algún papel el tamaño, el contorno y la textura hística del útero. La placenta previa es más frecuente en las mujeres que han tenido varios hijos y las que tienen gemelos. La gravedad de este trastorno depende de la posición de la placenta. La placenta previa no afecta necesariamente al embarazo, pero puede impedir el normal funcionamiento de la placenta, provocar un parto prematuro, hemorragias vaginales profusas durante la gestación o el parto, y obstrucción de la abertura del cuello durante el trascurso del alumbramiento.

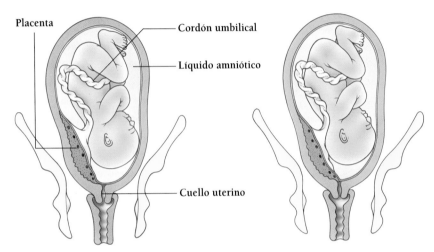

Placenta

Cordón umbilical

Líquido amniótico

Cuello uterino

Placenta previa marginal
La placenta está implantada cerca de la abertura del cuello uterino.

Placenta previa parcial
La placenta sólo cubre una porción de la abertura del cuello uterino.

Placenta previa completa
La placenta cubre la totalidad de la abertura del cuello uterino.

TRATAMIENTO DE LOS TRASTORNOS PLACENTARIOS
Las hemorragias producidas por los trastornos placentarios, requieren tratamiento médico inmediato. Si faltan más de tres semanas para la fecha prevista para el parto y la hemorragia es leve, se puede detener guardando reposo en cama; si la hemorragia es recurrente, puede ser necesario guardar reposo durante el resto del embarazo. En caso de hemorragias persistentes o si el embarazo ha superado ya las 37 semanas, el médico puede inducir el parto de inmediato.

DESPRENDIMIENTO DE LA PLACENTA

El desprendimiento de la placenta consiste en la separación de la pared uterina de una parte de la placenta normalmente situada. Su causa es desconocida, aunque algunos médicos creen que el desprendimiento de la placenta puede estar relacionado con un déficit de ácido fólico. El desprendimiento de la placenta es más frecuente en las mujeres hipertensas y suele causar dolores abdominales repentinos. La hemorragia no siempre es evidente, ya que la sangre puede quedarse retenida entre la placenta y la pared uterina. El desprendimiento de la placenta puede causar hemorragias peligrosas, impedir el normal funcionamiento de la placenta e inducir un parto prematuro.

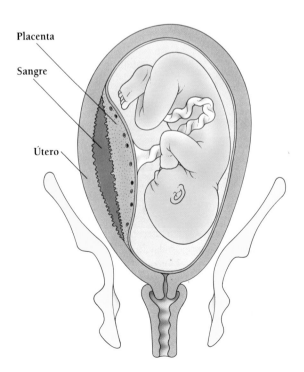

Placenta

Sangre

Útero

TRASTORNOS DEL LÍQUIDO AMNIÓTICO

El líquido amniótico rodea y protege eficazmente al feto (véase pág. 31) y está contenido en el interior de una membrana llamada saco amniótico.

El volumen del líquido amniótico aumenta hasta la 36ª o la 38ª semana, y luego comienza a disminuir.

El médico examina y valora el volumen del líquido amniótico en cada visita de control del embarazo, palpando y midiendo el abdomen (y en algunas oportunidades haciendo una ecografía).

Exceso de líquido amniótico

El volumen excesivo de líquido amniótico se conoce como polihidramnios. Este exceso puede acumularse gradualmente o producirse de repente.

Los síntomas polihidramnióticos consisten en un tamaño abdominal superior al que corresponde al estadio del embarazo, molestias abdominales y, en ocasiones, disnea, náuseas o edema de las piernas.

En caso de polihidramnios, se pueden realizar análisis para detectar posibles anomalías del feto.

En la mayoría de los casos, el feto es normal y no se requiere tratamiento. Para aliviar los síntomas, ocasionalmente se extrae parte del líquido por medio de un procedimiento similar a la amniocentesis.

Si los síntomas se producen al final del embarazo y son graves el médico puede inducir el parto.

Deficiencia de líquido amniótico

El volumen insuficiente de líquido amniótico se llama oligohidramnios. Puede ser un signo de preeclampsia grave (véase pág. 69) o indicar anomalías renales o urinarias en el feto.

El oligohidramnios en un estadio temprano del embarazo puede provocar un aborto, y en los estadios finales puede dar lugar a malformaciones fetales o incluso la muerte del feto.

En caso de sospecha de oligohidramnios el médico intentará descubrir y tratar el trastorno causal de la afección. A partir de las 37 semanas del embarazo, se puede provocar un parto inducido.

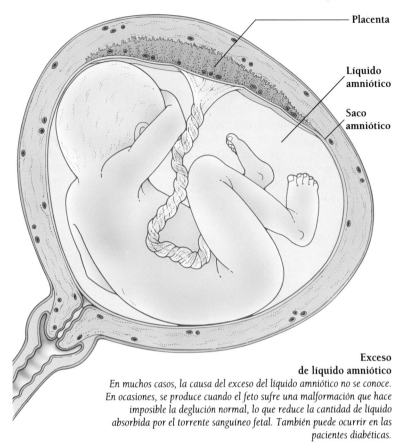

Placenta

Líquido amniótico

Saco amniótico

Exceso de líquido amniótico

En muchos casos, la causa del exceso del líquido amniótico no se conoce. En ocasiones, se produce cuando el feto sufre una malformación que hace imposible la deglución normal, lo que reduce la cantidad de líquido absorbida por el torrente sanguíneo fetal. También puede ocurrir en las pacientes diabéticas.

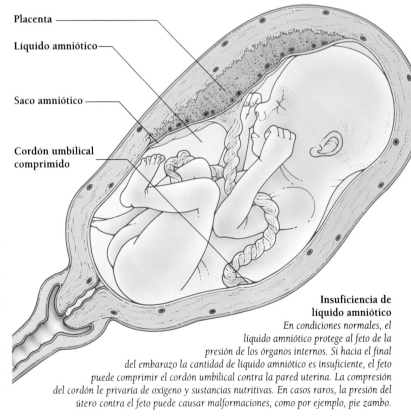

Placenta

Líquido amniótico

Saco amniótico

Cordón umbilical comprimido

Insuficiencia de líquido amniótico

En condiciones normales, el líquido amniótico protege al feto de la presión de los órganos internos. Si hacia el final del embarazo la cantidad de líquido amniótico es insuficiente, el feto puede comprimir el cordón umbilical contra la pared uterina. La compresión del cordón le privaría de oxígeno y sustancias nutritivas. En casos raros, la presión del útero contra el feto puede causar malformaciones, como por ejemplo, pie zambo.

FALTA DE CRECIMIENTO DEL FETO

La falta de crecimiento del feto significa que éste es mucho más pequeño de lo normal para el estadio del embarazo. Estos niños pueden necesitar cuidados especiales inmediatamente después de su nacimiento.

Las causas de la falta de crecimiento fetal son múltiples. Puede deberse a un defecto cromosómico o a una infección transmitida por la madre.

En la mayoría de los casos, la falta de crecimiento fetal se debe a la inadecuada nutrición proporcionada por la placenta, lo que se conoce como insuficiencia placentaria.

La insuficiencia placentaria puede deberse a un trastorno de la placenta (véase pág. 70), a un embarazo múltiple (presencia de dos o más fetos), al tabaco, al alcohol, a la hipertensión o a otras enfermedades. En algunos casos, la causa de la insuficiencia placenta no se descubre nunca.

El médico sospecha falta de crecimiento fetal cuando el útero es más pequeño de lo normal para el estadio del embarazo (véase AUMENTO DEL TAMAÑO DEL ÚTERO, pág. 38).

Con frecuencia, se realizan análisis de sangre y una ecografía para poder formular el diagnóstico. Si se confirma la falta de crecimiento del feto, será necesario instaurar un tratamiento contra su causa y controlar cuidadosamente el embarazo.

ROTURA PREMATURA DE LAS MEMBRANAS

La rotura prematura de las membranas del saco amniótico (que puede producirse en cualquier momento salvo el inmediatamente anterior al parto) puede ser peligrosa para la madre y para el feto.

La rotura suele provocar parto prematuro y puede producir infecciones o causar la caída del cordón umbilical en el cuello de la matriz, donde será comprimido por la cabeza del feto, con la consiguiente obstrucción del aporte de oxígeno.

Si el embarazo no ha cumplido las 34 semanas, el médico puede recomendar reposo en cama para intentar prolongar la gestación de modo que el feto pueda desarrollarse más antes del parto.

Cuidados de un niño prematuro
Los niños prematuros reciben cuidados especiales en una incubadora, donde la temperatura y la humedad están cuidadosamente controladas. Los niños prematuros tienen mayor riesgo de sufrir lesiones en el nacimiento, trastornos respiratorios y hepáticos, infecciones, bajo nivel de azúcar en la sangre y anemia, además de una mayor tendencia a las hemorragias.

Algunos médicos recetan medicamentos para tratar de debilitar o detener las contracciones uterinas prematuras. Después de la 34ª semana se puede permitir el parto, puesto que los riesgos de la prolongación del embarazo (infecciones, por ejemplo) son mayores que los riesgos del nacimiento prematuro para el feto.

PARTO PREMATURO

El parto se considera prematuro si se produce antes de la 37ª semana del embarazo. Aproximadamente el 9% de los niños nacen prematuramente. El parto prematuro no supone riesgo para la madre, pero el niño prematuro puede no haberse desarrollado suficientemente y tener necesidad de ser puesto en una incubadora. Las causas del parto prematuro incluyen preeclampsia, embarazo múltiple (dos o más fetos), anomalías placentarias, infección uterina o la rotura prematura de las membranas amnióticas. En un 40% de los casos, las causas son desconocidas.

El parto prematuro es más frecuente en las mujeres con historial previo de parto prematuro, las menores de 20 años o mayores de 34, las fumadoras y las que abusan de las bebidas alcohólicas durante el embarazo.

En caso de experimentar contracciones uterinas cada 10 minutos o con más frecuencia y que no se detienen en un plazo de 30 a 60 minutos se debe llamar al médico y acudir al hospital inmediatamente. Si el embarazo no ha llegado a la 34ª semana, se suele intentar detener el parto administrando medicamentos que cesan las contracciones. Después de la 34a semana de gestación, se puede permitir el parto.

PRESENTACIÓN ANORMAL

La presentación del feto describe la relación entre su cuerpo y el de la madre; por ejemplo, el feto puede estar en posición vertical o transversal. Cuando se inicia el parto, más del 99% de los fetos están en posición vertical en el

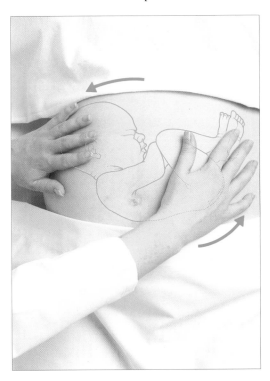

Versión externa
Si en el momento del parto el feto se encuentra en una presentación anormal, el médico puede intentar situarlo en una presentación longitudinal (vertical) manipulándolo desde el exterior. Este procedimiento se denomina versión externa, y si fracasa puede requerirse una cesárea.

Presentación inestable
La presentación inestable consiste en el cambio frecuente de posición del feto en el útero. Si el parto se inicia cuando el feto está en posición transversal, pueden surgir complicaciones. El cordón umbilical, por ejemplo, puede quedarse comprimido en la vagina, cortando el aporte de sangre al niño. La presentación transversal durante el parto requiere una cesárea.

Presentación oblicua (diagonal)

Presentación longitudinal (vertical)

Presentación transversa (lateral)

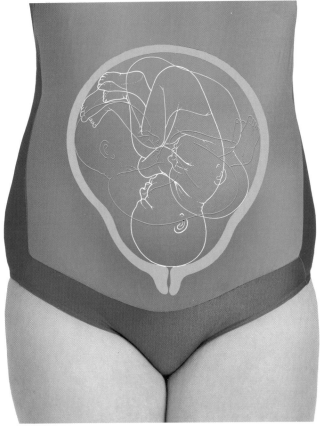

cuerpo de la mujer. Alrededor del 95% se encuentran con la cabeza hacia abajo (presentación cefálica). Otros fetos presentan primero las nalgas (presentación de nalgas, ver pág. 104). La mayoría de los fetos adoptan la posición vertical a partir de la 32ª semana, aproximadamente.

En algunos casos, el feto sigue moviéndose incluso después de la 32ª semana (presentación inestable). La presentación inestable es más frecuente en las mujeres que han tenido muchos hijos, lo que reduce el tono y resistencia de los músculos uterinos y de las paredes abdominales.

Otras causas de presentación inestable pueden ser el exceso de líquido amniótico o anomalías uterinas.

En algunos casos, el feto se presenta de costado (presentación transversal). La presentación transversal puede deberse a la presencia de fibromas o de placenta previa.

POSICIÓN DE LA CABEZA DEL FETO
El cuello del feto está casi siempre doblado hacia delante, de modo que el mentón descansa sobre el tórax. Esta posición permite el paso de la cabeza a través de la pelvis materna. En caso de no encontrarse doblado el cuello del feto puede ser necesario recurrir a una cesárea (véase página 112).

CONTROLE SUS SÍNTOMAS
HEMORRAGIA VAGINAL DURANTE EL EMBARAZO

En caso de observar hemorragias vaginales durante el embarazo, aunque sólo se trate de pérdidas leves, debe avisar al médico inmediatamente. Las hemorragias vaginales pueden indicar un trastorno grave, pero en muchos casos no plantean ningún riesgo para el embarazo.

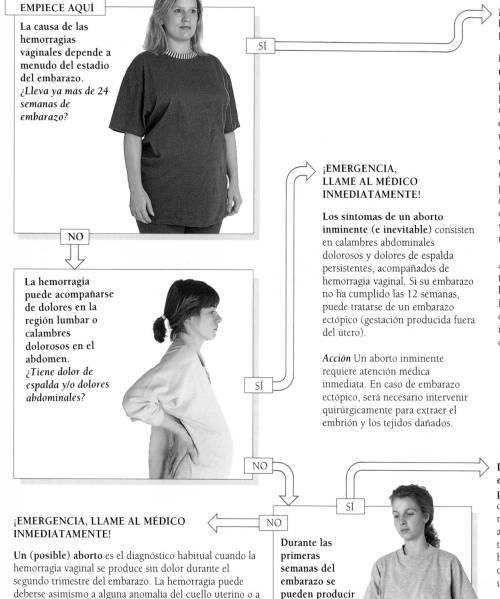

EMPIECE AQUÍ

La causa de las hemorragias vaginales depende a menudo del estadio del embarazo. *¿Lleva ya más de 24 semanas de embarazo?*

NO

La hemorragia puede acompañarse de dolores en la región lumbar o calambres dolorosos en el abdomen. *¿Tiene dolor de espalda y/o dolores abdominales?*

SÍ

SÍ

¡EMERGENCIA, LLAME AL MÉDICO INMEDIATAMENTE!

Los síntomas de un aborto inminente (e inevitable) consisten en calambres abdominales dolorosos y dolores de espalda persistentes, acompañados de hemorragia vaginal. Si su embarazo no ha cumplido las 12 semanas, puede tratarse de un embarazo ectópico (gestación producida fuera del útero).

Acción Un aborto inminente requiere atención médica inmediata. En caso de embarazo ectópico, será necesario intervenir quirúrgicamente para extraer el embrión y los tejidos dañados.

NO

NO

SÍ

¡EMERGENCIA, LLAME AL MÉDICO INMEDIATAMENTE!

Las hemorragias vaginales en los últimos estadios del embarazo pueden deberse al desprendimiento parcial de la placenta de la pared uterina, a la situación de la placenta en un punto anormalmente bajo del útero, a la hemorragia de una vena vaginal o a una anomalía del cuello uterino. Las pérdidas durante los últimos estadios del embarazo pueden deberse al estiramiento del cuello uterino. El flujo de un tapón de moco sanguinolento por la vagina puede ser el primer signo de un parto inminente.

Acción A menudo, el único tratamiento necesario para detener la hemorragia es el reposo en cama. En caso de hemorragias profusas o continuas, puede ser necesario inducir el parto o practicar una cesárea.

¡EMERGENCIA, LLAME AL MÉDICO INMEDIATAMENTE!

Un (posible) aborto es el diagnóstico habitual cuando la hemorragia vaginal se produce sin dolor durante el segundo trimestre del embarazo. La hemorragia puede deberse asimismo a alguna anomalía del cuello uterino o a inflamación de la vagina.

Acción En caso de diagnosticarle riesgo de aborto, el médico le recomendará disminuir el nivel de actividad y, posiblemente, reposo en cama. Otras causas de hemorragia vaginal pueden corregirse con tratamiento médico.

Durante las primeras semanas del embarazo se pueden producir hemorragias vaginales. *¿Está embarazada de menos de 14 semanas?*

Durante el primer trimestre del embarazo se pueden producir pérdidas de sangre los días que corresponderían al período menstrual. Estas pérdidas se deben a que la placenta no produce todavía niveles adecuados de ciertas hormonas para prevenir un ligero desprendimiento del revestimiento uterino.

Acción Aunque las pérdidas pequeñas no suelen suponer ningún riesgo para el embarazo, debe guardar reposo absoluto y llamar al médico. Es probable que le aconseje permanecer en cama hasta que cese la hemorragia.

CASO CLÍNICO

PRESIÓN SANGUÍNEA EN AUMENTO

JUANITA ESPERABA su primer hijo. Hasta la 32ª semana del embarazo no había tenido más trastornos que un breve período de náuseas matutinas y ligeros dolores de cabeza. Una tarde observó que sus dedos estaban tan hinchados que no podía ponerse la alianza. En la visita al médico, ya programada para el día siguiente, Juanita le informó de la hinchazón.

DATOS PERSONALES
Nombre: Juanita Viñedo Rifé
Edad: 34 años
Ocupación: Florista
Familia: Juanita no tiene historial familiar de enfermedades graves.

HISTORIAL CLÍNICO

Juanita gozaba de buena salud. Antes de quedarse embarazada solamente iba al médico una vez al año para hacerse un chequeo y un frotis cervical (Papanicolaou).

Durante la mayor parte del embarazo, la presión sanguínea estaba alrededor de 110/70.

EN LA CONSULTA

El médico observó que la enferma también tenía hinchados los tobillos. Asimismo, su presión sanguínea era más elevada que en la visita anterior, y el peso había aumentado excesivamente. Los resultados de un análisis de orina no presentaban anomalías.

El médico le dio una nueva cita para una semana después y aconsejó a Juanita que siguiera una rutina cotidiana más tranquila y que procurase descansar lo más que pudiera.

En la siguiente visita, la presión sanguínea de Juanita era de 150/90. Un análisis reveló la presencia de proteína en la orina, lo que indica anomalías de la función renal. Además de la hinchazón de los dedos y los tobillos, también estaban hinchados los tejidos alrededor de los ojos.

DIAGNÓSTICO

El médico sospecha que Juanita tiene PREECLAMPSIA, un cuadro patológico grave caracterizado por hipertensión y retención de líquidos que, en ocasiones, afecta a las mujeres embarazadas. El médico ordena el ingreso de Juanita en el hospital.

TRATAMIENTO

Juanita debe permanecer en cama. En el hospital, la pesan y le toman la presión sanguínea y le hacen análisis de sangre y de orina para comprobar su función

Visitar al niño
Juanita y su marido pueden visitar a su hijo en la incubadora. Están muy contentos con las noticias de sus progresos diarios e impacientes por llevárselo a casa cuanto antes.

renal. Un instrumento electrónico colocado sobre el abdomen de Juanita, registra los latidos del corazón del feto.

Al día siguiente, la presión se ha elevado a más de 160/110. El médico ordena la administración de un medicamento llamado hidralacina, para intentar bajar la presión. Tras varias horas de medicación intravenosa, la presión de Juanita sigue siendo alta. El médico le explica que, dado el fracaso del medicamento para reducirle la hipertensión, podría sufrir un ataque que pusiera en peligro su vida o la del niño. La única manera de bajar la presión es provocando el parto.

RESULTADO

El médico le administra oxitocina para inducir el parto y sulfato de magnesio para prevenir un ataque. Juanita da a luz un niño pequeño pero sano, cuya evolución se sigue de cerca en una incubadora.

La presión sanguínea vuelve a la normalidad y al cabo de pocos días puede volver a casa. El médico le asegura que su hijo evoluciona bien y que pronto podrá llevarlo a casa también.

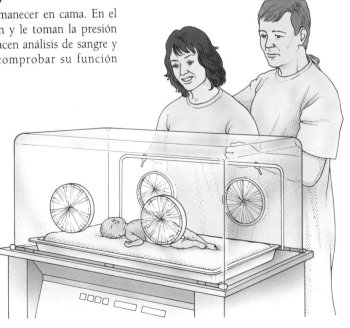

SIGNOS DE ADVERTENCIA GRAVES DURANTE EL EMBARAZO

La mayoría de los síntomas experimentados por las mujeres embarazadas son normales y se deben a los cambios físicos y hormonales que afectan su cuerpo. Algunos síntomas, sin embargo, pueden advertir de trastornos graves que requieran atención médica inmediata.

Vómitos excesivos
Los vómitos abundantes y persistentes pueden producir deshidratación y alterar el equilibrio químico normal del cuerpo. Pueden ser un signo de embarazo múltiple (es decir, presencia de dos o más fetos) o de una mola hidatidiforme (véase pág. 68).

Disnea repentina
La aparición repentina de dificultades respiratorias puede indicar la presencia de un coágulo de sangre en los pulmones (embolia pulmonar), cuadro potencialmente fatal. Los coágulos se forman con más facilidad durante el embarazo y, aunque se trata del mecanismo natural de defensa del cuerpo contra la hemorragia posparto, supone un mayor riesgo de formación de coágulos en las venas profundas de las piernas (trombosis profunda). Los coágulos pueden desprenderse de las piernas y avanzar hacia los pulmones.

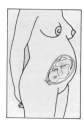

Disminución de los movimientos fetales
Un importante indicador del bienestar del feto es su actividad. El médico puede sugerirle hacer un «gráfico de patadas» (donde anote los movimientos del feto) a partir de la 30ª semana del embarazo. Si nota menos de 10 movimientos fetales en un período de 12 horas, llame al médico inmediatamente.

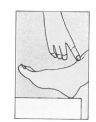

Hinchazón acusada
La hinchazón acusada de los pies, las piernas y los dedos a causa del exceso de líquido acumulado en los tejidos (edema) puede indicar preeclampsia (hipertensión debida al embarazo) o insuficiencia cardiaca, si se sufre del corazón.

Dolor abdominal intenso y persistente
El dolor abdominal intenso y persistente –especialmente si se acompaña de diarrea, vómitos, somnolencia, confusión o mareos– puede ser un signo de un trastorno grave tal como embarazo ectópico (gestación fuera del útero, normalmente en una trompa de Falopio), aborto o desprendimiento de placenta (separación de la placenta de la pared uterina). El dolor abdominal puede indicar asimismo una enfermedad no relacionada con el embarazo, por ejemplo apendicitis (inflamación del apéndice).

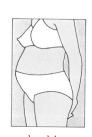

Hemorragia vaginal
Las hemorragias dolorosas antes de la 20ª semana del embarazo pueden ser un signo de aborto. A partir de la semana 20 de gestación, las hemorragias vaginales –con o sin dolor– pueden deberse a placenta previa (posición anormal de la placenta) o al desprendimiento de la placenta (separación de la placenta de la pared uterina).

CASO CLÍNICO
UNA HEMORRAGIA PREOCUPANTE

CUANDO UNA PRUEBA DE EMBARAZO hecha en casa indicó que estaba embarazada de nuevo, Luisa se puso muy contenta. Ya tenía un hijo de 3 años, que había nacido con normalidad tras un embarazo sano. Luisa fue al médico, que confirmó el embarazo con un análisis de orina y una exploración física. Transcurridas 14 semanas, Luisa empezó a sentir dolores en la parte inferior de la espalda y se observó pequeñas pérdidas de sangre. Preocupada por estos síntomas, llamó al médico e hizo que su marido la llevara a la clínica.

DATOS PERSONALES
Nombre: Luisa Quesada Márquez
Edad: 28 años
Ocupación: Ama de casa y madre
Familia: Tanto su esposo como su hijo disfrutan de buena salud.

HISTORIAL CLÍNICO
La salud de Luisa es buena, aunque en ocasiones, sufre migrañas. Durante el embarazo anterior, los dolores de cabeza no eran intensos y no necesitó tomar medicinas contra las migrañas.

EN LA CONSULTA
Luisa informa al médico de los dolores de espalda y de la hemorragia. El médico le examina el abdomen y encuentra que el útero es suave y de tamaño normal. Por medio de una técnica denominada eco-

grafía Doppler, Luisa y el médico escuchan el corazón del bebé. Este tipo de ecografía detecta las ondas sonoras reflejadas en el corazón del feto. Las ondas sonoras reflejadas son convertidas en señales audibles.

El médico practica también una exploración interna (pélvica) y detecta una leve hemorragia en el cuello uterino, que sigue cerrado.

DIAGNÓSTICO
El médico dice a Luisa que no sabe con certeza cuál puede ser la causa de la hemorragia. Cree que podría indicar un POSIBLE ABORTO; le explica que los resultados de la ecografía Doppler mostraban que los latidos fetales eran normales y que el cuello uterino cerrado indica que no se puede excluir la posibilidad de un aborto.

TRATAMIENTO
El médico dice a Luisa que en muchos casos las causas de las hemorragias vaginales no se pueden determinar. El único tratamiento para prevenir el riesgo de aborto es el reposo en cama, pero el médico la tranquiliza diciéndole que las dos terceras partes de las mujeres que experimentan un episodio de riesgo de aborto llegan a tener niños normales y sanos.

Tras una semana de reposo, Luisa vuelve a la consulta del médico le dice que la hemorragia ha cesado. El médico la examina y confirma que la hemorragia cervical se ha detenido.

La ecografía demuestra que el feto está sano y que la placenta está bien situada en el útero.

El médico ginecólogo aprovecha la ocasión para aconsejar a Luisa a tomarse las cosas con tranquilidad durante un período de tiempo, y abstenerse de tener relaciones sexuales durante unas pocas semanas.

RESULTADO
El embarazo de Luisa prosigue con normalidad y transcurridos 6 meses se produce el alumbramiento de una niña sana que pesa 3,5 kilos.

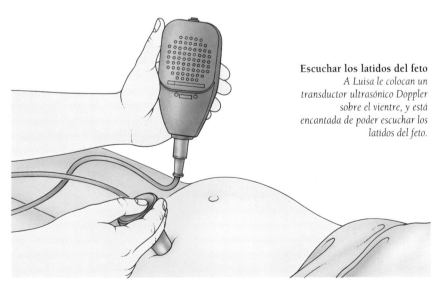

Escuchar los latidos del feto
A Luisa le colocan un transductor ultrasónico Doppler sobre el vientre, y está encantada de poder escuchar los latidos del feto.

EMBARAZOS DE ALTO RIESGO

SON CONSIDERADOS EMBARAZOS DE ALTO RIESGO aquellos que presentan factores que pueden aumentar las posibilidades de aparición de complicaciones en el proceso de la gestación. El mayor riesgo de complicaciones puede deberse a las siguientes causas: a la edad de la mujer, a una historia de trastorno genético (hereditario), a trastornos durante embarazos previos o una enfermedad ya existente antes del embarazo. También se consideran de alto riesgo las mujeres con dos o más fetos.

ADOLESCENTES Y MUJERES MAYORES DE 35 AÑOS

En las adolescentes aumentan los riesgos de complicaciones durante el embarazo como resultado de una dieta inadecuada, consumo de drogas y alcohol, las enfermedades de transmisión sexual y la falta de cuidados prenatales. Sólo una de cada cinco adolescentes embarazadas menores de 15 años recibe atención prenatal durante los 3 primeros meses del embarazo. Actualmente, son muchas las mujeres que retrasan el momento de tener su primer hijo hasta después de cumplir los 35 años. Aunque se considera que las mujeres mayores de 35 años aumentan los riesgos durante el embarazo (véase TRASTORNOS DEL EMBARAZO, pág. 68), la mayoría no tienen complicaciones y dan a luz a niños sanos.

Muchos trastornos del embarazo son predecibles y se pueden prevenir o tratar.

El historial médico y los resultados que arrojan las pruebas prenatales pueden indicar un mayor riesgo de complicaciones. Los embarazos de alto riesgo requieren una monitorización estricta.

Es absolutamente esencial que el médico y la futura madre colaboren para asegurar de esta manera las mejores perspectivas posibles a la gestación.

OBESIDAD EXCESIVA

Las mujeres excesivamente obesas durante el embarazo tienen un mayor riesgo de desarrollar preeclampsia (hipertensión debida a la gestación) o diabetes gestacional (diabetes durante el embarazo).

Además, dado que las mujeres obesas suelen dar a luz a niños grandes, el parto es más difícil, lo que puede requerir la administración de

Efectos de embarazos previos
Después de varios embarazos, los músculos y los ligamentos del útero pueden relajarse y debilitarse. En consecuencia, los movimientos del feto pueden alterar su posición en el útero más fácilmente y plantear algún problema en el momento del parto (véase PRESENTACIÓN INESTABLE, pág. 73).

anestesia y/o la práctica de una cesárea, aumentando el riesgo tanto para la madre como para el feto.

Si es obesa, intente perder peso antes de quedarse embarazada. A las mujeres obesas que se quedan embarazadas, el médico les puede recomendar una dieta que minimice el peso que ganarán durante la gestación.

La dieta debe controlarse para de esta manera asegurar el aporte de las sustancias nutritivas necesarias para la madre y el feto en desarrollo.

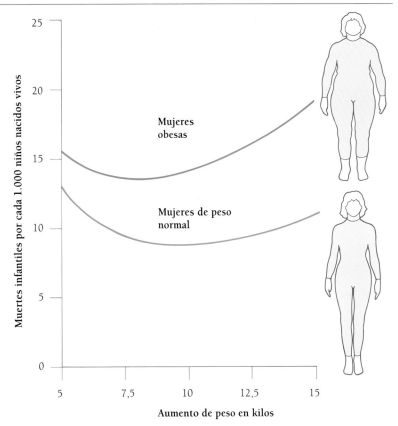

Aumento del índice de mortalidad en los hijos de madres obesas
El índice de muerte infantil aumenta significativamente en los hijos de mujeres obesas, de acuerdo con la ganancia total de peso durante el embarazo. El gráfico de la derecha muestra el número de muertes infantiles (por cada 1.000 bebés nacidos vivos) durante las 2 primeras semanas de vida, en relación con el peso ganado por la madre durante el embarazo.

CÓMO AFECTA AL EMBARAZO EL FACTOR RH

Aunque el torrente sanguíneo de la mujer es distinto al del feto, algunas células sanguíneas fetales pueden atravesar la placenta y penetrar en la sangre materna. Durante el parto, algunas células sanguíneas fetales penetran siempre en el torrente sanguíneo de la madre. Si el grupo sanguíneo de la madre es Rh negativo y el del padre Rh positivo, el grupo sanguíneo del feto puede ser Rh positivo. A causa del intercambio de células sanguíneas, el cuerpo de una mujer con Rh negativo puede producir anticuerpos contra las células fetales con Rh positivo (sensibilización Rh). Estos anticuerpos descomponen los eritrocitos del feto, causándole anemia.

Primer feto Rh positivo
Si el Rh del feto es positivo, las mujeres con Rh negativo pueden quedar «sensibilizadas». Esto significa que el cuerpo materno produce anticuerpos para combatir las células sanguíneas del feto, como si se tratara de un cuerpo extraño. Cuando se trata del primer embarazo de la mujer, el niño suele nacer antes de que se hayan podido producir cantidades significativas de estos anticuerpos.

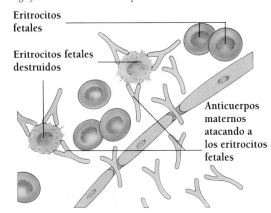

Eritrocitos fetales

Eritrocitos fetales destruidos

Anticuerpos maternos atacando a los eritrocitos fetales

Prevención de la sensibilización Rh
Para prevenir la sensibilización Rh, se puede administrar una inyección de un derivado de la sangre llamado inmunoglobina Rh. La inmunoglobina Rh suprime la capacidad del cuerpo materno para producir anticuerpos contra los eritrocitos con Rh positivo. La inyección puede administrarse a las mujeres no sensibilizadas con Rh negativo durante la gestación y después del parto para prevenir complicaciones en futuros embarazos.

Segundo feto Rh positivo
Una vez que la mujer cuyo Rh es negativo ha sido sensibilizada, los anticuerpos permanecen en su sangre. Si la mujer queda de nuevo embarazada y el feto tiene Rh positivo, el número de anticuerpos aumenta. La destrucción de una gran cantidad de eritrocitos fetales produce anemia; puesto que son los eritrocitos los que transportan el oxígeno al feto, el resultado puede ser una lesión cerebral o, incluso, la muerte.

CASO CLÍNICO
CONTROL DE LA DIABETES DURANTE EL EMBARAZO

TERESA TIENE DIABETES (nivel anormalmente alto de glucosa –un tipo de azúcar– en la sangre) desde los 16 años. Ella misma se inyecta insulina a diario para mantener los niveles de glucosa dentro de lo normal. Sabe que la diabetes puede causar complicaciones durante el embarazo, por lo que cuando ella y su marido decidieron tener familia, concertó una cita con su médico.

DATOS PERSONALES
Nombre: Teresa Caso Tisón
Edad: 24 años
Ocupación: Enfermera
Familia: Sus padres gozan de buena salud. También su hermana y sus dos hermanos están sanos.

HISTORIAL CLÍNICO
Generalmente, Teresa se controla bien la diabetes con insulina, aunque hace 2 años sufrió un ataque grave de hipoglucemia (bajo nivel de glucosa en la sangre).

EN LA CONSULTA
Teresa reconoce que no siempre tiene cuidado con la dieta y que los niveles de glucosa, que controla mediante análisis de orina, varían considerablemente. El médico le dice que la diabetes aumenta el riesgo de tener un hijo con algún defecto congénito, pero que este riesgo puede reducirse de manera sustancial si los niveles de glucosa se controlan antes de la concepción y durante el transcurso del embarazo.

El médico subraya la importancia de un cuidadoso control de la dieta para limitar la ingesta de azúcar. Asimismo, le enseña a registrar los niveles de glucosa por medio de un glucómetro, que proporciona resultados más precisos que las tiras reactivas, y a adaptar la dosis de insulina en consecuencia. Recomienda a Teresa llevar un registro diario de los niveles de glucosa y le ordena volver al cabo de 3 semanas.

EVALUACIÓN DEL MÉDICO
El registro que lleva Teresa a la siguiente visita, demuestra que la DIABETES ESTÁ AHORA BIEN CONTROLADA, y que puede intentar quedarse embarazada.

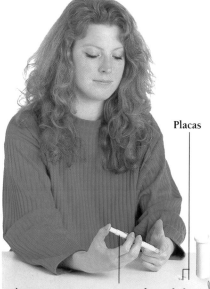

Placas

Glucómetro

Aparato para extraer sangre de un dedo

CUIDADOS PRENATALES
Al cabo de 2 meses, Teresa se queda embarazada. Durante el embarazo acude regularmente a la consulta del médico y del ginecólogo. El ginecólogo la examina para detectar posibles signos de pre-eclampsia (hipertensión debida al embarazo) y polihidramnios (exceso de líquido amniótico). También controla regularmente la función renal. El médico le aconseja que registre sus niveles de glucosa cuidadosamente, puesto que probablemente se verán afectados por el embarazo. Asimismo le da instrucciones para le llame sin demora en caso de vómitos intensos o de sufrir alguna infección; lo que podría indicar la necesidad de variar la dosis de insulina.

El embarazo de Teresa progresa satisfactoriamente. Cada semana, el médico comprueba el ritmo cardiaco del feto y le realiza una ecografía para observar su crecimiento. La ecografía hecha a las 33 semanas demuestra que el feto es más grande de lo normal, algo común en las pacientes con diabetes. El médico le dice que el gran tamaño del feto puede aumentar el riesgo de complicaciones durante el parto, especialmente tratándose de una mujer diabética, y sigue controlando estrictamente el crecimiento fetal.

RESULTADO
Teresa experimenta contracciones 10 días antes de la fecha prevista para el parto. Una infusión intravenosa de glucosa e insulina controla la diabetes durante el alumbramiento. Teresa da a luz a un niño varón, sano, de 3,8 kilos de peso.

Determinación del nivel de glucosa
Teresa se pincha el dedo y aplica una gota de sangre en una placa. Introduce la placa en un glucómetro, aparato que «lee» el color de la placa y registra el nivel de glucosa. Durante el embarazo, Teresa necesita una dosis mayor de insulina para mantener el nivel de glucosa dentro de lo normal.

EMBARAZOS MÚLTIPLES

Los embarazos múltiples (presencia de más de un feto) plantean un mayor riesgo de complicaciones tanto para la mujer como para los fetos (véase derecha). Los fetos múltiples tienen un mayor riesgo de presentar defectos congénitos. Con frecuencia, los niños de un embarazo múltiple nacen prematuramente, son más pequeños y pesan menos de lo normal y tienen un índice de muerte más alto durante las 2 primeras semanas de vida que los niños únicos. El médico controla la dieta de la madre para asegurar la nutrición apropiada de los fetos y puede recetarle complementos vitamínicos y minerales (véase pág. 61).

Después de la 24ª o 26ª semana del embarazo, algunos médicos recomiendan que la mujer reduzca el nivel de actividades y se someta a ecografías periódicas para controlar el crecimiento de los fetos.

ENFERMEDADES ANTES DEL EMBARAZO

En caso de tener alguna enfermedad, como la diabetes, consulte a su médico antes de intentar quedarse embarazada. Algunas enfermedades aumentan el riesgo de complicaciones durante la gestación.

Hipertensión

La hipertensión puede interferir con el aporte de oxígeno y sustancias nutritivas al feto, lo que puede afectar a su crecimiento y hacer necesario un parto inducido.

Las mujeres embarazadas hipertensas tienen más probabilidades de sufrir un ataque cardiaco y una apoplejía o de dar a luz a un niño muerto. En caso de hipertensión, el médico controlará el embarazo cuidadosamente. Quizá recete medicamentos para reducir la presión y ordene análisis para comprobar el bienestar del feto.

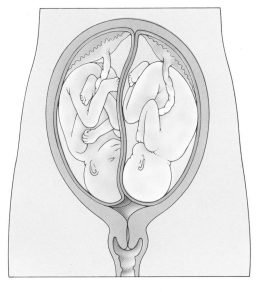

Riesgos del embarazo múltiple
Las mujeres con embarazo múltiple tiene un mayor riesgo de anemia, preeclampsia (hipertensión debida al embarazo) o polihidramnios (exceso de líquido amniótico), y de parto prematuro y difícil.

Asma

Si se trata y se controla correctamente, el asma suele plantear poco riesgo durante el embarazo, tanto para la mujer como para el feto. En muchos casos de asma leve, la gestación no afecta a la enfermedad, e incluso puede mejorar. El asma grave, sin embargo, puede empeorar durante el embarazo. Un ataque grave de asma puede reducir el aporte de oxígeno al feto e inducir un parto prematuro.

Medicamentos contra el asma
Tan pronto tenga la sospecha de estar embarazada, consulte a su médico la conveniencia de seguir tomando sus medicamentos contra el asma. Algunos medicamentos contra el asma se consideran seguros durante el embarazo; el riesgo de tomarlos es insignificante, comparado con el peligro que supone para el feto un ataque de asma.

DIABETES GESTACIONAL

Algunas mujeres desarrollan una forma de diabetes –alto nivel de glucosa (azúcar) en la sangre– durante el embarazo. Esta enfermedad, llamada diabetes gestacional, suele desaparecer después del parto. Las mujeres embarazadas con mayor riesgo de diabetes gestacional son las que tienen personas diabéticas en su familia, las que ya han tenido un hijo cuyo peso excedía de los 5 kilos, las obesas o las que han tenido un hijo mortinato cuya causa no pudo ser determinada. El médico puede recomendar un análisis de determinación de la glucosa (véase pág. 56) para comprobar si existe diabetes gestacional.

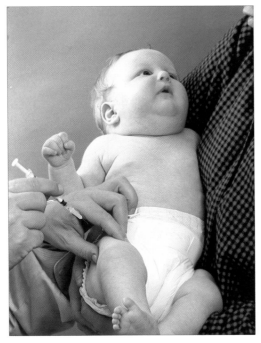

Prevención de la infección por hepatitis B en un recién nacido

La infección de un recién nacido por el virus de la hepatitis B puede prevenirse administrando al niño una inyección de anticuerpos inmediatamente después de su nacimiento, seguida de una vacuna contra la hepatitis B. Los bebés infectados por el virus de la hepatitis B durante el parto pueden ser portadores del virus y corren riesgo de desarrollar cirrosis y cáncer hepático.

Enfermedades hepáticas

La hepatitis B es una infección vírica que produce inflamación del hígado. Una infección por hepatitis B durante el embarazo puede causar parto prematuro. El virus de la hepatitis B puede ser transmitido al niño durante el parto si la madre tiene una infección activa o es portadora del virus (que puede permanecer en el cuerpo durante años después de la infección inicial).

Las mujeres embarazadas con cirrosis (enfermedad del hígado que afecta a las funciones hepáticas) tienen riesgo de complicaciones como las siguientes: hemorragias del aparato digestivo y parto prematuro. Presentan, asimismo, un índice más elevado de abortos y mortinatos.

Enfermedades cardiacas

Las enfermedades cardiacas rara vez afectan a mujeres en edad fértil. Sólo entre 5 y 10 de cada 1.000 mujeres embarazadas presentan este tipo de enfermedad, normalmente, a consecuencia de una lesión cardiaca debida a fiebres reumáticas o a una anomalía congénita. Puesto que el embarazo exige un mayor gasto cardiaco, las mujeres que tengan alguna cardiopatía deben consultar al cardiólogo antes de intentar de quedar embarazada. Los cuidados que puedan proporcionar el cardiólogo y el tocólogo son esenciales durante el embarazo para prevenir posibles complicaciones.

El tratamiento que recomiendan a las mujeres embarazadas con enfermedades del corazón depende, naturalmente, del tipo y gravedad de la enfermedad. Salvo complicaciones,

TRATAMIENTO DE LA EPILEPSIA DURANTE EL EMBARAZO

Las mujeres epilépticas deben consultar al médico antes de quedarse embarazadas. Un ataque durante la gestación puede causar complicaciones potencialmente peligrosas para la madre y para el feto. Los medicamentos contra la epilepsia (anticonvulsivos) pueden aumentar el riesgo de anomalías fetales.

Suplementos vitamínicos
Los medicamentos anticonvulsivos reducen la absorción de ácido fólico y vitamina K en la sangre. El ácido fólico es esencial para la formación de eritrocitos en la madre y el feto y para el desarrollo del sistema nervioso fetal, por lo que muchos médicos recetan suplementos de ácido fólico a las mujeres embarazadas que toman anticonvulsivos. Al niño se le administra una inyección de vitamina K (esencial para la coagulación de la sangre) para prevenir una hemorragia excesiva causada por un déficit de vitamina K.

Ajuste de la dosis
El médico puede cambiar el medicamento o reducir la dosis hasta el nivel más bajo necesario para prevenir eficazmente un ataque.

la mayoría de estas mujeres inician el proceso del parto espontáneamente y dan a luz por vía vaginal.

Hiperactividad de la glándula tiroides

Algunas mujeres con hipertiroidismo (hiperactividad de la glándula tiroides) toman metimazol o propiltiouracilo. El tratamiento con cualquiera de estos fármacos debe mantenerse durante el embarazo. Si la hiperactividad de la glándula tiroides no se controla durante la gestación, aumentan los riesgos de aborto, preeclampsia (hipertensión debida al embarazo), parto prematuro o muerte infantil. Incluso bajo tratamiento, el hipertiroidismo puede empeorar en el período inmediatamente posterior al parto.

Trastornos hemáticos hereditarios

Algunos trastornos hemáticos hereditarios, que consisten en la presencia de tipos anormales de hemoglobina (sustancia portadora de oxígeno) en los eritrocitos, pueden causar complicaciones graves durante el embarazo. A la izquierda se describen los riesgos que afectan a las mujeres embarazadas con anemia drepanocítica.

Otro trastorno hemático hereditario, la talasemia, provoca anemia debido a la descomposición de las células sanguíneas. Las mujeres con talasemia tienen un mayor riesgo de empeoramiento durante el embarazo.

Anemia drepanocítica
En la anemia drepanocítica, algunos eritrocitos tienen forma de hoz (figura de abajo, ampliación x 1.000). Durante la gestación, la anemia drepanocítica aumenta el riesgo de preeclampsia grave (hipertensión debida al embarazo) o anemia grave. Los vasos sanguíneos de la placenta pueden quedar bloqueados produciendo retraso del crecimiento o la muerte del feto.

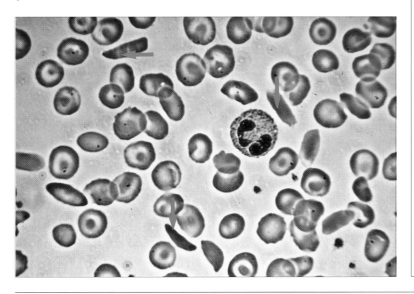

PREGUNTE A SU MÉDICO COMPLICACIONES DURANTE EL EMBARAZO

P Mi esposa ha recibido tratamiento contra la artritis reumatoide durante los últimos 2 años. Cuando hace 4 meses se quedó embarazada, el médico le redujo la dosis del medicamento y ella afirma que no se había sentido tan bien desde antes de la artritis. ¿Qué sucede?

R No es raro que las mujeres con artritis reumatoide u otro tipo de trastorno inflamatorio se sientan mejor durante el embarazo. Los médicos creen que el aumento de los niveles hormonales durante la gestación ejerce un efecto antiinflamatorio que alivia temporalmente estas afecciones.

P Mi glándula tiroides es hipoactiva y tomo tiroxina. ¿Es perjudicial este medicamento durante el embarazo?

R La tiroxina no afecta al feto. El tratamiento debe mantenerse durante el embarazo; las mujeres con glándulas tiroides hipoactivas que no se tratan durante la gestación tienen un mayor riesgo de aborto.

P Tengo lupus eritematoso sistémico y acabo de descubrir que estoy embarazada. ¿Puede causarnos problemas a mí o a mi hijo la enfermedad?

R Consulte con su médico cuanto antes. El lupus eritematoso sistémico (trastorno de los tejidos que sostienen la conexión de las estructuras corporales) puede aumentar la posibilidad de formación de coágulos y afectar a la función renal. La enfermedad podría afectar también al desarrollo del corazón del feto. El médico le aconsejará seguidamente acerca de los riesgos del embarazo. Quizá le recomiende pruebas prenatales y le prescriba un tratamiento para prevenir posibles complicaciones.

ABORTO Y EMBARAZO ECTÓPICO

LA MAYORÍA DE LOS EMBARAZOS siguen un curso normal y natural y terminan sin complicaciones con el nacimiento de un niño sano; pero, en ocasiones, el embarazo termina prematuramente y el feto o el embrión se pierden, acontecimiento conocido como aborto. También tienen un fin prematuro de la gestación los embarazos ectópicos, en los que el óvulo fertilizado se implanta fuera del útero.

Riesgo de aborto
En caso de riesgo de aborto se produce hemorragia vaginal, pero el feto sigue vivo en el útero y el cérvix permanece cerrado. Aproximadamente en el 50% de los casos de riesgo de aborto, el embarazo llega a término con normalidad.

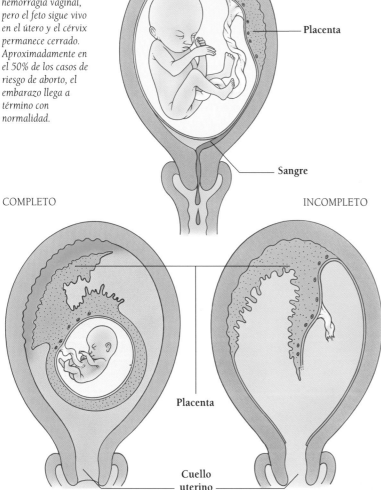

Útero

Placenta

Sangre

COMPLETO

INCOMPLETO

Placenta

Cuello uterino

Aborto inminente
En caso de aborto inminente (inevitable), el feto está muerto y el cérvix se encuentra dilatado (ensanchado). Los abortos completos consisten en la expulsión total de los tejidos fetales y placentarios del útero (véase arriba izquierda). Los abortos incompletos consisten en la expulsión parcial de los tejidos fetales y placentarios (véase arriba derecha). Los tejidos remanentes en el útero suelen producir hemorragia y deben ser extirpados.

El aborto espontáneo (según la terminología médica) es la pérdida del embrión o del feto antes de la 20ª semana del embarazo, es decir, antes de que el feto se haya desarrollado lo suficientemente como para sobrevivir fuera del útero.

Alrededor del 20% de los embarazos terminan en aborto, la mayoría durante el primer trimestre.

Es difícil determinar el índice real de abortos ya que algunas mujeres abortan antes de darse cuenta de que están embarazadas y confunden la hemorragia vaginal con un período menstrual retrasado o profuso; no todas las mujeres que tienen un aborto reciben la debida atención médica.

TIPOS DE ABORTO

Cualquier hemorragia vaginal producida durante el primer trimestre del embarazo se considera como posible signo de aborto.

Hay estadísticas que indican que aproximadamente una de cada cinco mujeres embarazadas sufre un aborto. La hemorragia puede acompañarse de calambres dolorosos en la parte inferior del vientre, o de dolores en la región lumbar.

Se debe avisar al médico inmediatamente, que quizá recomiende reducir el nivel de actividades o reposo absoluto hasta que se detenga la hemorragia.

El aborto inevitable se produce cuando se rompe la membrana del saco amniótico y se dilata (ensancha) el cérvix.

Además de las pérdidas de líquido, casi siempre se produce hemorragia vaginal. Es necesario un examen médico inmediato. Si esto se produce en el primer trimestre del embarazo, la paciente será ingresada al hospital, donde se suele practicar una operación denominada curetaje (raspado) para extraer la placenta o los tejidos fetales. Si el embarazo está más avanzado el médico puede recomendar que los tejidos sean eliminados espontáneamente del útero; pero también puede ser necesario un raspado.

El aborto fallido se produce cuando el feto muere durante los primeros estadios del embarazo, pero permanece en el útero. Puede haber una ligera hemorragia vaginal aunque no necesariamente.

Si el médico sospecha la posibilidad de un aborto fallido, quizá realice una ecografía, y en caso de confirmarse el diagnóstico, se llevará a cabo un raspado.

En caso de varios (al menos tres) abortos sucesivos, el médico recomendará pruebas específicas para determinar la causa que provocó estos abortos.

En estos casos, las probabilidades de llevar a término un futuro embarazo dependen de los factores patológicos que malbarataron los anteriores.

EFECTOS EMOCIONALES DEL ABORTO

Un aborto puede tener un profundo efecto sobre las emociones, sin embargo, no se debe considerar como signo de imposibilidad de que un embarazo futuro llegue a término. Los abortos son comunes y, de hecho, forman parte del proceso natural de selección con el que el cuerpo rechaza un embrión debido a alguna anormalidad.

Algunos abortos se deben a problemas de salud; éstos, normalmente, no pueden prevenirse, aunque es mejor plantear al médico todas las dudas al respecto.

El proceso de recuperación emocional puede ser inestable.

La mujer necesita tiempo para asimilar, a su manera, la pérdida sufrida. A veces, ayuda compartir los sentimientos de pena con la pareja o con un amigo.

También puede ser útil pedir al médico recomendación acerca de grupos de apoyo o consejos profesionales.

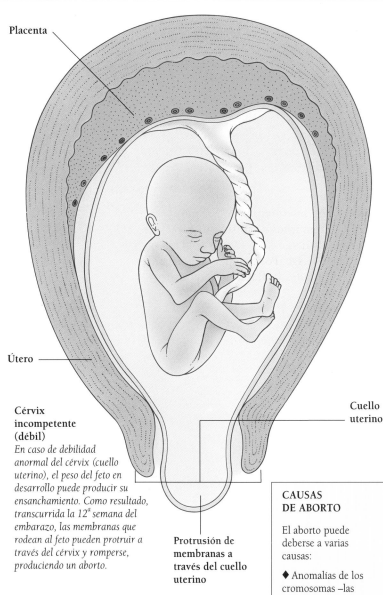

Placenta

Útero

Cérvix incompetente (débil)
En caso de debilidad anormal del cérvix (cuello uterino), el peso del feto en desarrollo puede producir su ensanchamiento. Como resultado, transcurrida la 12ª semana del embarazo, las membranas que rodean al feto pueden protruir a través del cérvix y romperse, produciendo un aborto.

Protrusión de membranas a través del cuello uterino

Cuello uterino

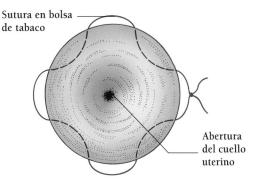

Sutura en bolsa de tabaco

Abertura del cuello uterino

Sutura cervical
La sutura cervical (sutura en bolsa de tabaco) se aplica alrededor del cérvix para impedir el aborto en las mujeres embarazadas con cérvix incompetente (débil). Normalmente, los puntos de la sutura se extraen a las 37 semanas, para permitir el parto.

CAUSAS DE ABORTO

El aborto puede deberse a varias causas:

♦ Anomalías de los cromosomas –las estructuras celulares portadores de la información genética (hereditaria)– o del desarrollo del feto.

♦ Exposición a radiación o a sustancias como el alcohol, el tabaco y otras drogas.

♦ Problemas de salud de la madre, como enfermedades cardiacas o renales, diabetes o rubéola.

♦ Rechazo del feto por el sistema inmunológico de la mujer.

EMBARAZO ECTÓPICO

El embarazo ectópico consiste en la implantación del óvulo fecundado fuera del útero. Aproximadamente uno de cada 100 embarazos es ectópico.

Las mujeres que ya han tenido un embarazo ectópico tienen entre un 10 y un 20% de probabilidades de que se reproduzca en la siguiente gestación.

La mayoría de los embarazos ectópicos se producen en las trompas de Falopio (véase derecha). En muchos casos su causa no puede ser determinada aunque existen factores que aumentan el riesgo. Por ejemplo, si la mujer ha tenido salpingitis (inflamación de las trompas de Falopio), la lesión de los tejidos de la trompa puede impedir el paso del óvulo al útero.

Asimismo, las posibilidades de embarazo ectópico aumentan con el uso de dispositivos intrauterinos.

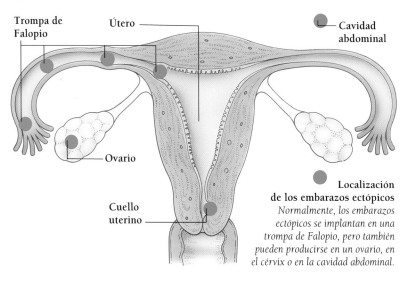

Trompa de Falopio — **Útero** — **Cavidad abdominal** — **Ovario** — **Cuello uterino**

Localización de los embarazos ectópicos
Normalmente, los embarazos ectópicos se implantan en una trompa de Falopio, pero también pueden producirse en un ovario, en el cérvix o en la cavidad abdominal.

Rotura del embarazo ectópico
La mayoría de los embarazos ectópicos son diagnosticados y terminados a las 8 semanas. Si el óvulo fecundado crece en el interior de una trompa durante más de 10 semanas, el aumento de su tamaño produce la rotura de la trompa. La rotura de un embarazo ectópico puede producir hemorragias que pongan en peligro la vida.

Los síntomas del embarazo ectópico consisten en dolor en la región abdominal inferior (normalmente, en un lado), hemorragia vaginal, náuseas y vómitos. Estos síntomas suelen aparecer a las 6 semanas del último período menstrual.

En caso de rotura del embarazo ectópico (véase izquierda), el dolor abdominal se verá agravado por la entrada de sangre en la cavidad abdominal. La mujer puede experimentar dolor en el hombro, mareos, e incluso puede sufrir un colapso.

Con frecuencia, los embarazos ectópicos se producen cuando la mujer no sabe que está embarazada. En caso de dolores abdominales inexplicables, con o sin hemorragia vaginal, si hay posibilidad de embarazo, se debe llamar al médico inmediatamente. El médico practicará una exploración y realizará análisis. Para el diagnóstico de embarazo ectópico se llevan a cabo análisis de sangre, ecografías (véase pág. 58), culdocentesis (introducción de una pequeña aguja a través de la vagina y en la cavidad pélvica para detectar la posible hemorragia interna) y laparoscopia.

Tratamiento

En caso de rotura del embarazo ectópico es necesaria una intervención quirúrgica inmediata para extraer el embrión y los tejidos afectados de la trompa de Falopio. Normalmente, cuando no se produce rotura del embarazo ectópico, el embrión puede ser extraído quirúrgicamente por medio de un laparoscopio (véase pág. 87). Si es posible, la trompa de Falopio se repara pero en algunos casos debe ser extirpada.

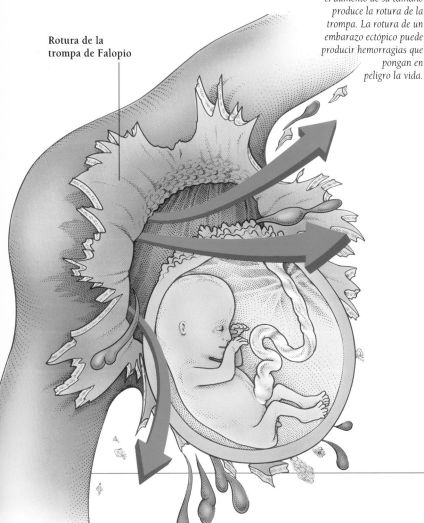

Rotura de la trompa de Falopio

CASO CLÍNICO
UN EMBARAZO DOLOROSO

VICTORIA Y SU ESPOSO, TOMÁS, deseaban tener familia y se entusiasmaron cuando una prueba de embarazo indicó que ella estaba embarazada. Inmediatamente concertó una cita con su ginecólogo. A la mañana siguiente, Victoria se despertó con un dolor abdominal difuso y vio manchas de sangre en las sábanas. Llamó al ginecólogo, y éste le dijo que fuese a su consulta sin demora.

DATOS PERSONALES
Nombre: Victoria Ginés Hortelano
Edad: 31 años
Ocupación: Corredora de fincas
Familia: Victoria es hija única. Sus padres gozan de buena salud.

HISTORIAL CLÍNICO
Victoria había tenido una salpingitis (inflamación de una trompa de Falopio) hacía tres años a causa de una infección. En aquella oportunidad su ginecólogo le recetó un antibiótico y la infección se curó.

EN LA CONSULTA
Victoria dijo al ginecólogo que creía estar embarazada y que se sentía muy preocupada por los dolores abdominales y la hemorragia. El médico le analizó una muestra de orina para repetir la prueba del embarazo que, de nuevo, resultó positiva. Asimismo, examinó el abdomen de Victoria y llevó a cabo una exploración interna (pélvica).

Durante la exploración detectó una zona hipersensible sobre el hueso púbico y un bulto en la fosa ilíaca derecha, lo que le indujo a ordenar una ecografía inmediata en el hospital.

DIAGNÓSTICO Y TRATAMIENTO
La ecografía reveló la ausencia de feto en el útero de Victoria e indicaba un grosor anormal de la trompa de Falopio dere-

cha. El ginecólogo informó a Victoria de sus sospechas de que se trataba de un EMBARAZO ECTÓPICO. Le explicó que la salpingitis pudo haber dañado la trompa de Falopio, provocando la implantación del óvulo fecundado allí en vez de en el útero. Recomendó una intervención qui-

rúrgica inmediata, ya que el crecimiento del embrión podía causar la rotura de la trompa. Victoria aceptó y la trasladaron al quirófano.

Una laparoscopia (véase abajo) confirmó el diagnóstico y en el mismo procedimiento se extirparon el embrión y los tejidos dañados de la trompa de Falopio.

La recuperación de Victoria fue satisfactoria y al día siguiente fue dada de alta del hospital.

RESULTADO
Varios días después, Victoria volvió a la consulta del ginecólogo y le dijo que estaba preocupada por no poder nunca llevar a término un embarazo. El médico le explicó que las lesiones de la trompa de Falopio deben cicatrizar y que tiene buenas probabilidades de quedarse embarazada de nuevo, aunque existe algún riesgo de que se repita el embarazo ectópico. Le aconsejó que volviera a la consulta cuanto se quedase embarazada lo que ocurrió transcurridos ocho meses.

Victoria fue inmediatamente a la consulta de su ginecólogo y se sintió muy feliz de saber que estaba embarazada de 8 semanas y que todo era normal.

Exploración y cirugía laparoscópica
El embarazo ectópico de Victoria se confirma por medio de un instrumento visor (laparoscopio) introducido a través de una pequeña incisión. A través del laparoscopio, el médico extrae también el embrión y los tejidos dañados de la trompa de Falopio.

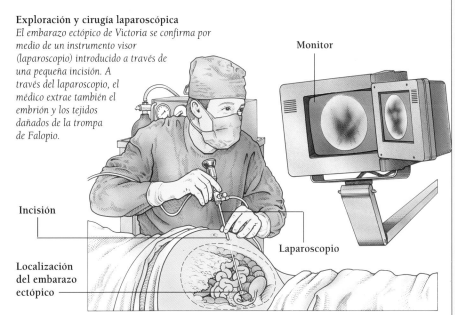

Monitor

Incisión

Laparoscopio

Localización del embarazo ectópico

CAPÍTULO CUATRO

DILATACIÓN Y PARTO

ALO LARGO DE LOS AÑOS, la actitud de las mujeres y las expectativas respecto al parto han variado sustancialmente. Aunque el nacimiento de un hijo se consideraba en otros tiempos un acontecimiento temeroso, la mayoría de las mujeres lo consideran, actualmente, una experiencia positiva y quieren aprender todo lo que pueden acerca de lo que han de esperar de ese momento tan importante. Antes, el parto era un acontecimiento doloroso y temible y, en ocasiones, se prolongaba durante varios días. Los niños nacían en casa, casi siempre sin la ayuda de un profesional médico. Los riesgos para la vida y la salud de la mujer eran considerables; las hemorragias y las infecciones eran causas frecuentes de muerte en las parturientas; muchos niños morían durante el parto o en la primera semana de vida, y otros muchos presentaban anomalías físicas o mentales a causa de las lesiones sufridas durante el alumbramiento. Actualmente, la mayoría de las mujeres están bien preparadas para el parto, y casi todos los niños nacen en hospita-

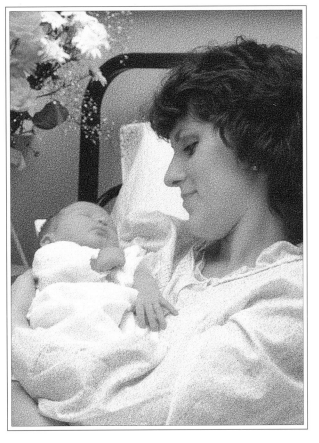

les, tras un parto cuidadosamente atendido. Los avances médicos, tales como el uso de antibióticos, los sofisticados equipos electrónicos y la mejora de las técnicas quirúrgicas y anestésicas, han contribuido a reducir considerablemente el índice de muertes tanto en las madres como en los niños. Aunque en algunos casos prácticas tales como la aplicación de un enema, el rasurado del área púbica, la episiotomía, el uso de estribos o la administración de calmantes pueden ser necesarias durante el parto, con frecuencia dependen de

la decisión de la mujer. Son muchas las mujeres que ahora desean la presencia del padre o de un miembro de su familia durante el parto para sentirse confortadas, apoyadas y asistidas. En este capítulo se explican varias formas de intervención que pueden ser necesarias durante el nacimiento del niño. En algunos casos, surgen problemas que imposibilitan o dificultan el parto vaginal. En tales circunstancias, el médico intervendrá con una cesárea. La anestesia epidural permite que la mujer esté consciente durante la cesárea para poder ser testigo del nacimiento de su hijo. En ocasiones, se producen complicaciones durante o después del parto. El tejido vaginal, por ejemplo, puede sufrir una rotura y precisar sutura. La visión del recién nacido es una fuente de asombro para los padres, que desearán examinar todos los detalles de su aspecto y comportamiento para asegurarse de que todo es normal. Después del nacimiento del niño y de la adaptación a las necesidades de su cuidado, no se deben olvidar los cuidados de la propia madre, cuyo cuerpo se está recupe-

rando de los cambios y exigencias del embarazo y el parto. Resumiendo, en los distintos apartados que componen este capítulo el lector encontrará una amplia información sobre todo lo relacionado con la etapa postrera del embarazo: el parto. Hallará aquí cumplida información sobre el comienzo del parto y las fases del mismo, así como las complicaciones que se pueden presentar y las intervenciones a que dan lugar esas complicaciones; asimismo aprenderá a conducirse con el recién nacido y a cuidar a la mujer en el período posparto.

CÓMO COMIENZA EL PARTO

DURANTE LAS ÚLTIMAS semanas del embarazo, se producen nuevos cambios en el cuerpo que son signos de que el parto se aproxima. Del mismo modo que cada embarazo progresa de forma diferente, el comienzo del parto también es individual y único. Rara vez se produce un nacimiento sin múltiples signos previos del comienzo del parto. El conocimiento y comprensión de estos signos, ayuda a aliviar la aprensión y prepara mejor para el parto.

¿ESTÁ PREPARADA?

Cuando la fecha del parto esté próxima, haga una lista de los teléfonos más importantes (el del padre, la familia, la niñera, el médico y el hospital) y téngala a mano. Haga el recorrido hasta el hospital a diferentes horas del día para saber cuánto tiempo necesita para llegar.

No se conoce bien el mecanismo que desencadena el parto. En la actualidad algunos investigadores sugieren que es un intercambio de hormonas entre la mujer y el feto lo que lo inicia.

SIGNOS DEL PARTO

Algunos cambios producidos en el cuerpo de la mujer son signos precoces de la proximidad del parto.

Cerca de la fecha prevista, la mujer puede perder algunos kilos, esto puede hacer que se sienta más cómoda al observar que su ropa le queda mejor, un signo de que el feto ha descendido en la parte ósea de la pelvis (está encajado véase abajo). Los signos que vengan a continuación indican que el parto es inminente; hay que llamar al médico sin demora.

Un tapón de moco

Como resultado de la presión del feto contra el cuello uterino, éste empieza a dilatarse y

NO ENCAJADO

Encajamiento
Se dice que el feto está encajado cuando «cae» hacia abajo en el abdomen materno. El encajamiento suele producirse entre 2 y 4 semanas antes del parto. En las mujeres que ya han tenido un hijo, el encajamiento puede retrasarse hasta que comienza el parto.

ENCAJADO

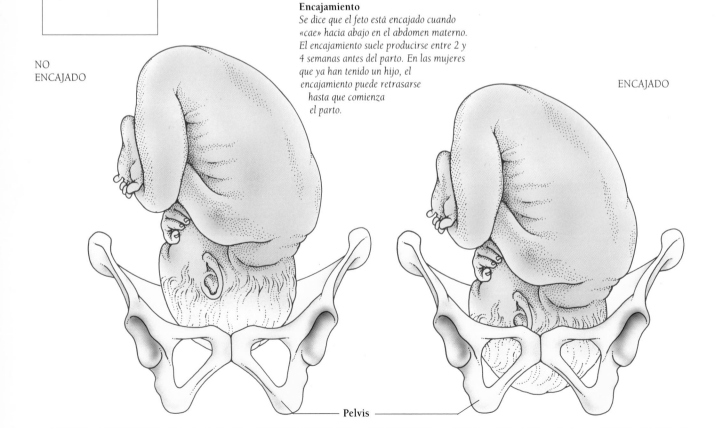

Pelvis

el tapón de moco que lo mantenía cerrado se desprende. La expulsión de este tapón de moco, junto con una pequeña cantidad de sangre, se llama «muestra». Normalmente, el parto se inicia a los pocos días.

Rotura de aguas

La expulsión de una cantidad (mayor o menor) de líquido vaginal es un signo de la rotura de las membranas del saco amniótico (la «bolsa de aguas»).

La bolsa de aguas puede romperse antes del parto o durante la primera fase. Normalmente, el líquido amniótico es transparente.

Si su aspecto es turbio (de color verdoso, pardo o amarillo) o desprende un olor desagradable, es probable que se deba a una deposición de heces del feto, lo que indica una posible tensión fetal (véase pag. 97). En caso de no iniciarse las contracciones en un plazo de 12 a 24 horas después de la rotura de aguas, el médico puede optar por inducir el parto ya que existe riesgo de infección.

Si el feto muestra señales de tensión, el parto se puede inducir antes.

Contracciones fuertes

Durante los tres últimos meses del embarazo la mujer puede experimentar contracciones erráticas y leves, normalmente indoloras, conocidas como contracciones de Braxton Hicks. Este tipo de contracciones no indica el comienzo del parto sino que ayuda a flexibilizar los músculos uterinos, en preparación para el alumbramiento.

Son signos de parto las contracciones progresivamente más intensas y producidas a intervalos regulares.

Algunas mujeres experimentan contracciones como de dolor en la parte inferior del abdomen, acompañado del endurecimiento de la pared abdominal. Otras sienten dolor en la zona lumbar.

Las contracciones se cronometran desde el comienzo de una hasta el inicio de la siguiente. Al principio, las contracciones son espaciadas, con intervalos de tiempo de hasta 20 o 30 minutos.

Normalmente, el parto se inicia cuando las contracciones se producen con regularidad a intervalos de 2 a 10 minutos. Su intensidad, frecuencia y duración va en aumento a medida que se acerca el momento del nacimiento del niño.

CAMBIOS EN EL CUELLO UTERINO

El cuello uterino es una banda muscular gruesa y firme situada en la parte inferior del útero. Durante los últimos estadios del embarazo y mientras dura el parto, experimenta cambios preparándose para el

1 A causa de los cambios hormonales el cuello uterino se flexibiliza gradualmente.

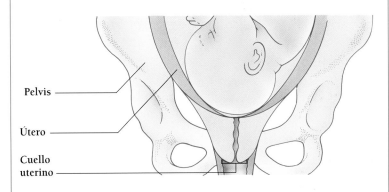

Pelvis

Útero

Cuello uterino

2 A continuación, las contracciones de los músculos uterinos tiran del cuello suavemente hacia arriba, alargando y afinando su forma.

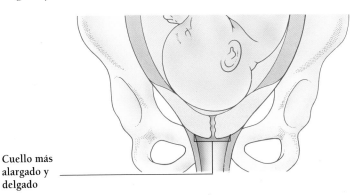

Cuello más alargado y delgado

3 Las contracciones causan una dilatación (ensanchamiento) paulatina de la abertura del cuello uterino. En esta fase puede producirse la rotura de las membranas del saco amniótico («bolsa de las aguas»).

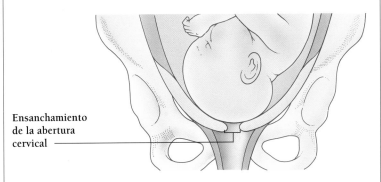

Ensanchamiento de la abertura cervical

CONTROLE SUS SÍNTOMAS
¿HA EMPEZADO EL PARTO?

La duración media de un embarazo es de 40 semanas, pero es normal que un niño nazca entre las semanas 37 y la 42. Varios signos distintos –dolores abdominales o lumbares, expulsión del tapón de moco y rotura del saco amniótico (la «bolsa de las aguas»)– sirven de indicadores de un parto inminente. Los signos y el orden de aparición varían en cada mujer. Este gráfico se ha diseñado para ayudar a reconocer el momento en que comienza el parto.

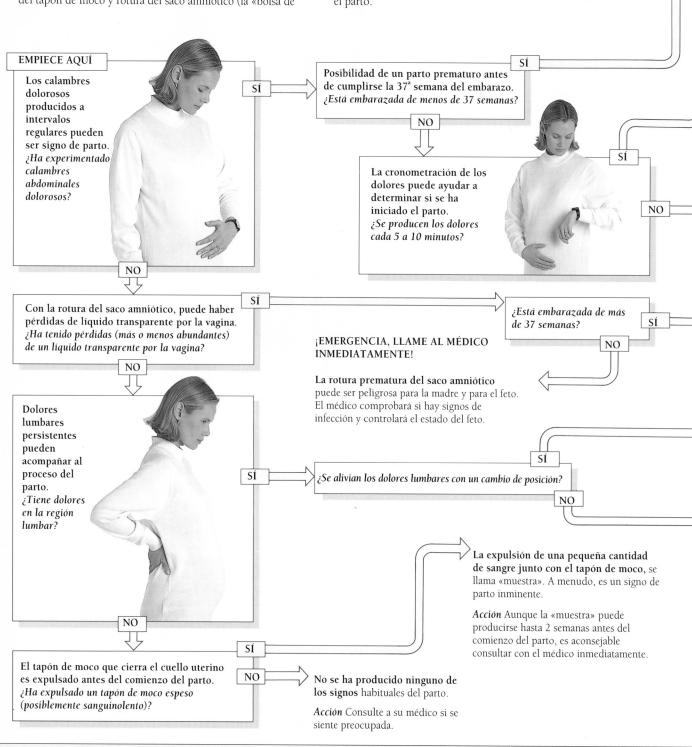

EMPIECE AQUÍ

Los calambres dolorosos producidos a intervalos regulares pueden ser signo de parto.
¿Ha experimentado calambres abdominales dolorosos?

SÍ →

Posibilidad de un parto prematuro antes de cumplirse la 37ª semana del embarazo.
¿Está embarazada de menos de 37 semanas?

SÍ

NO

La cronometración de los dolores puede ayudar a determinar si se ha iniciado el parto.
¿Se producen los dolores cada 5 a 10 minutos?

SÍ

NO

NO

Con la rotura del saco amniótico, puede haber pérdidas de líquido transparente por la vagina.
¿Ha tenido pérdidas (más o menos abundantes) de un líquido transparente por la vagina?

SÍ →

¿Está embarazada de más de 37 semanas?

SÍ

NO

NO

¡EMERGENCIA, LLAME AL MÉDICO INMEDIATAMENTE!

La rotura prematura del saco amniótico puede ser peligrosa para la madre y para el feto. El médico comprobará si hay signos de infección y controlará el estado del feto.

Dolores lumbares persistentes pueden acompañar al proceso del parto.
¿Tiene dolores en la región lumbar?

SÍ →

¿Se alivian los dolores lumbares con un cambio de posición?

SÍ

NO

NO

La expulsión de una pequeña cantidad de sangre junto con el tapón de moco, se llama «muestra». A menudo, es un signo de parto inminente.

Acción Aunque la «muestra» puede producirse hasta 2 semanas antes del comienzo del parto, es aconsejable consultar con el médico inmediatamente.

El tapón de moco que cierra el cuello uterino es expulsado antes del comienzo del parto.
¿Ha expulsado un tapón de moco espeso (posiblemente sanguinolento)?

SÍ

NO →

No se ha producido ninguno de los signos habituales del parto.

Acción Consulte a su médico si se siente preocupada.

¡EMERGENCIA, LLAME AL MÉDICO INMEDIATAMENTE!

El parto prematuro puede detenerse si recibe atención médica inmediata.

¡LLAME AL MÉDICO INMEDIATAMENTE!

La contracción regular de los músculos uterinos señala el comienzo del parto. También se pueden producir pérdidas vaginales de líquido y expulsión de un tapón de moco.

Acción Llame al médico, que le dirá lo que debe hacer.

Los primeras estadios del parto pueden presentarse con calambres dolorosos ocasionales en el abdomen. Estos dolores se deben a la contracción de los músculos uterinos. A medida que avanza el parto, las contracciones son más fuertes y más frecuentes.

Acción Cronometre las contracciones y llame al médico. Cuando se produzcan regularmente cada 10 minutos, es probable que se haya iniciado el parto. En caso de pérdida de líquido de la vagina, llame al médico inmediatamente.

La rotura del saco amniótico se produce a veces varias horas antes del comienzo de las contracciones aunque normalmente la bolsa de agua se rompe durante las primeras fases del parto.

Acción En caso de rotura del saco amniótico, llame al médico inmediatamente. El médico le aconsejará el ingreso inmediato en el hospital o bien que espere en casa hasta que comiencen las contracciones; si éstas no se producen espontáneamente, el parto puede ser inducido.

Los dolores lumbares que se alivian con un cambio de posición, suelen ser signo de que el parto aún no ha comenzado.

Acción Para aliviar los dolores lumbares, procure estar echada de lado o sentarse en posición semirreclinada, con una almohada bajo las rodillas. Si está embarazada de más de 37 semanas y los dolores de espalda han durado más de una hora, o si ha tenido hemorragia vaginal y/o expulsado un tapón de moco, consulte con su médico.

Los dolores lumbares persistentes, que se producen durante las últimas semanas del embarazo, pueden ser un signo de parto. Los calambres abdominales dolorosos pueden aparecer varias horas después del dolor de espalda. No obstante, puede tratarse de una infección renal.

Acción Llame al médico para que la aconseje.

QUÉ DEBE LLEVAR AL HOSPITAL

Aproximadamente 2 semanas antes de la fecha prevista para el parto, debe preparar una bolsa con los objetos personales –de la madre y del niño– que necesitará llevar al hospital. Esta lista incluye las cosas esenciales que debe llevar. Y no se olvide de pedir que alguien traiga un asiento de coche para poder llevar al niño a casa en coche.

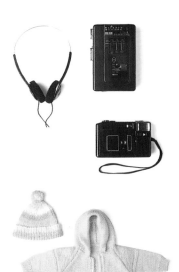

PARA LA MADRE

◆ Camisón (que se pueda desabrochar por delante, si va a amamantar al niño
◆ Una bata
◆ Calcetines gruesos
◆ Zapatillas
◆ Ropa interior
◆ Sujetadores (de lactancia, si va a amamantar al niño)
◆ Ropa para volver a casa
◆ Cepillo y pasta de dientes
◆ Desodorante
◆ Loción hidratante
◆ Crema de cacao para los labios
◆ Cepillo y peine
◆ Bandas elásticas para sujetar el pelo
◆ Champú y acondicionador para el pelo
◆ Secador de pelo (se puede emplear para secar las suturas, evitando la frotación de las áreas sensibles)
◆ Bolsa para la ropa sucia
◆ Empapadores para el pecho (para absorber el exceso de leche)
◆ Gafas
◆ Libros o revistas
◆ Cámara fotográfica, flash y pilas
◆ Radio portátil con auriculares y cassettes
◆ Números de teléfono de parientes y amigos

PARA EL NIÑO

◆ Camisetas
◆ Pijamas
◆ Manta
◆ Jerseys y forro

FASES DEL PARTO

EL PARTO SE PRODUCE en tres fases. En la primera, la mujer experimenta contracciones de los músculos uterinos que dilatan (ensanchan) el cuello uterino para que el niño pueda entrar en la vagina. Durante la segunda fase del parto, y con ayuda del impulso de la mujer, el niño atraviesa la vagina y nace. La tercera fase consiste en la expulsión del útero del órgano anexo, la placenta.

Dilatación cervical
En un parto primerizo, la abertura cervical se dilata (ensancha) aproximadamente 1 centímetro por hora. El cuello uterino de las mujeres que ya han tenido más hijos puede dilatarse con mayor rapidez. En el momento de plena dilatación (10 centímetros), la cabeza del niño empieza a presionar para adentrarse en la vagina.

Cada embarazo es un proceso único, como lo es cada parto. En la mayoría de las mujeres los dolores del parto duran entre 12 y 14 horas si se trata de su primer hijo.

Los partos siguientes suelen durar menos, alrededor de 7 horas.

PRIMERA FASE

La primera fase del parto es la más larga, entre 8 y 10 horas. Las contracciones de los músculos uterinos hacen que el cuello uterino se dilate (véase más abajo). Al principio, las con-

tracciones pueden ser leves y poco frecuentes, luego se intensifican y se hacen más regulares.

Durante la fase activa del primer estadio del parto, las contracciones suelen producirse cada 3 o 4 minutos. Cuando ocurren cada 2 o 3 minutos el cuello uterino está casi totalmente dilatado.

La mayoría de las mujeres pasan la primera fase del parto en casa. Cuando las contracciones se hacen más intensas y más frecuentes se deben cronometrar, y avisar al médico para que indique cuándo hay que ir al hospital.

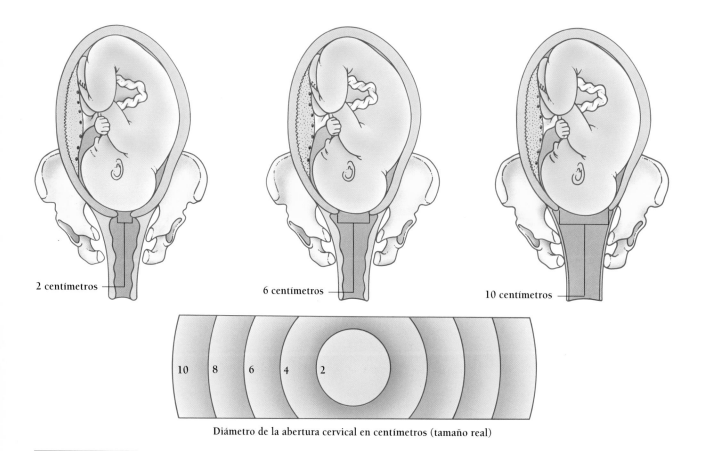

2 centímetros

6 centímetros

10 centímetros

| 10 | 8 | 6 | 4 | 2 |

Diámetro de la abertura cervical en centímetros (tamaño real)

POSTURAS CONFORTABLES
DURANTE LA PRIMERA FASE DEL PARTO

Durante la primera fase del parto, lo más importante para la mujer es intentar relajarse. La relajación puede contribuir a disminuir las molestias del parto, ayuda a la mujer a conservar sus energías, y permite que las contracciones sean más eficaces debido a que el útero no está constreñido por la tensión de los músculos abdominales. Muchas mujeres se sienten más relajadas y más cómodas deambulando por la habitación durante la primera fase del parto. Otras encuentran más confortables las posturas que se describen en las figuras de esta página.

De pie
Póngase de pie y apóyase en su esposo o contra la pared. Esta posición ayuda a desviar el peso del bebé de la columna vertebral.

A gatas
Durante las contracciones, póngase «a gatas» y meza el cuerpo suavemente hacia delante y hacia atrás. No arquee la espalda. Entre las contracciones, doble los codos y venza el cuerpo hacia delante, apoyando la cabeza en los antebrazos.

Arrodillada
Arrodíllese en el suelo o encima de la cama, con las piernas cómodamente separadas, y apoye el cuerpo en unas almohadas.

Sentada
Siéntese de cara al respaldo de una silla y apoye la cabeza y los brazos en una almohada. Quizá le resulte cómodo poner otra almohada en el asiento de la silla.

ADMINISTRACIÓN DE CALMANTES PARA EL DOLOR DURANTE EL PARTO

Durante las visitas prenatales al médico conviene discutir el tipo de medicación que se desea (si se desea) contra el dolor (véase pág. 51).

Algunas mujeres prefieren no recibir anestesia. Sin embargo, en algunas ocasiones puede ser necesario administrar calmantes; por ejemplo cuando el parto resulta excesivamente prolongado y complicado, cuando el dolor supera los límites de tolerancia de la mujer, cuando (en caso de presentación de nalgas) interfiere con su capacidad de empujar (véase pág. 104) o cuando se hace necesario el empleo de fórceps (véase pág. 109).

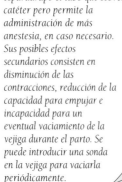

Inyecciones intravenosas e intramusculares

Existen diversos calmantes que pueden administrarse por vía intravenosa (inyectados directamente en una vena o por medio de un gotero) o intramuscular (inyectados en un músculo, normalmente el glúteo). Los calmantes así administrados son de acción rápida y su efecto dura hasta 2 horas. Sin embargo, a veces pueden producir efectos secundarios tales como náuseas, vómitos, mareos y confusión. El médico decidirá el momento adecuado para la administración de estos calmantes durante el parto, para evitar efectos negativos para el niño; administrados inmediatamente antes del nacimiento, pueden perjudicar la capacidad respiratoria del niño.

Cómo se administra la anestesia epidural

Se inicia la infusión de líquidos intravenosos con un gotero. A continuación, estando la mujer reclinada con las rodillas dobladas y la espalda curvada, o sentada con la espalda curvada, se introduce una aguja hueca en el espacio epidural (espacio entre los huesos de la columna vertebral y la membrana que cubre la médula espinal), a través de la cual se introduce un tubo flexible (catéter) acoplado a una jeringa y se administra un anestésico (que insensibiliza los nervios que inervan la parte inferior del abdomen, la pelvis y, en algunos casos, las piernas). Se retira la aguja y se sujeta con esparadrapo el tubo que sobresale de la espalda. La mujer no siente el catéter pero permite la administración de más anestesia, en caso necesario. Sus posibles efectos secundarios consisten en disminución de las contracciones, reducción de la capacidad para empujar e incapacidad para un eventual vaciamiento de la vejiga durante el parto. Se puede introducir una sonda en la vejiga para vaciarla periódicamente.

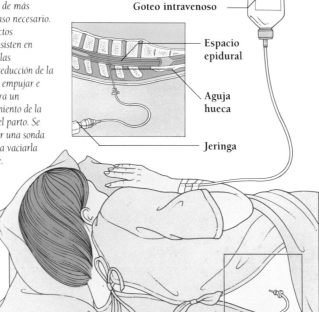

Goteo intravenoso

Espacio epidural

Aguja hueca

Jeringa

CÓMO AFRONTAR EL DOLOR

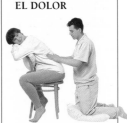

En vez de depender de los medicamentos para el alivio del dolor, las técnicas de parto natural se basan en ejercicios respiratorios y de relajación (masajes e imágenes mentales, por ejemplo), que han aprendido tanto la futura madre como su esposo para ayudar a la mujer a hacer frente al dolor durante el parto. El apoyo y estímulo del padre contribuyen a reducir el temor y, en consecuencia, ayudan a la mujer a tolerar mejor los dolores.

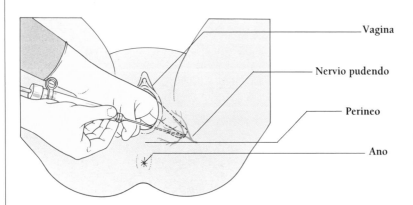

Vagina

Nervio pudendo

Perineo

Ano

Bloqueo pudendo

El bloqueo pudendo consiste en la inyección de un anestésico (lidocaína, por ejemplo) en los tejidos que rodean los nervios pudendos, uno a cada lado de la vagina (véase izquierda). El medicamento bloquea el dolor en la región vaginal y perineal (tejidos entre la abertura vaginal y el ano). El bloqueo pudendo se practica para aliviar el dolor del alumbramiento; no afecta a los dolores del parto. Este tipo de anestesia ejerce un rápido efecto y no produce efectos secundarios.

MONITORIZACIÓN DEL FETO

El parto somete a presión no sólo a la madre, sino también al feto. En algunos casos, se emplea la técnica de monitorización electrónica del feto (de forma continua o a intervalos durante el parto) para obtener información acerca de la tolerancia fetal a la tensión del parto.

La técnica consiste en el chequeo de la respuesta cardiaca del feto a las contracciones uterinas y alerta al médico ante cualquier trastorno del niño, lo que hace posible una intervención inmediata.

¿Cómo se realiza la monitorización?

La monitorización puede realizarse por vía externa o interna. Para la monitorización fetal externa se emplean dos dispositivos electrónicos que se colocan sobre el abdomen de la madre (véase abajo). Asimismo, se puede emplear un estetoscopio especial para auscultar el ritmo cardiaco fetal. Llevado a cabo a inter-

valos apropiados, el seguimiento externo es tan eficaz como el seguimiento electrónico.

En caso de necesitar mediciones más precisas (si el niño presenta trastornos, por ejemplo), se puede registrar el ritmo cardiaco por medio de un electrodo introducido en la vagina, que entra en contacto con el cráneo del niño; es lo que se llama monitorización fetal interna.

Durante la monitorización interna del niño (véase pág. 113), las contracciones pueden medirse por medio de un dispositivo colocado en el abdomen de la madre o de un tubo introducido en el útero.

Alteraciones del ritmo cardiaco

Normalmente, la alteración del ritmo cardiaco normal del niño es el primer signo de tensión. Si la tensión aumenta, el ritmo cardiaco tiende a disminuir después de cada contracción y necesita más tiempo para recobrar la normalidad. Si el niño sufre una tensión excesiva, su ritmo cardico puede reducirse a menos de 100 latidos por minuto o superar las 160 pulsaciones por minuto.

SIGNOS DE TENSIÓN FETAL

En el interior del útero, los intestinos del feto contienen una mezcla de líquido amniótico que el niño ha tragado y de moco intestinal. Esta mezcla se llama meconio. Si el niño está estresado, aunque sea por poco tiempo, sus intestinos pueden contraerse y expulsar el meconio a través del ano, en el líquido amniótico. La presencia de meconio en el líquido amniótico (que adquiere un aspecto verdoso o pardo) puede indicar estrés fetal, y el parto debe ser estrictamente monitorizado por el médico.

MONITORIZACIÓN FETAL EXTERNA

La monitorización fetal externa se realiza con ayuda de dos dispositivos colocados sobre el vientre de la madre. Uno de ellos (un transductor ultrasónico) detecta los latidos del corazón del niño. El otro consiste en un calibrador de presión que mide la duración y frecuencia de las contracciones uterinas. Un monitor muestra e imprime las lecturas.

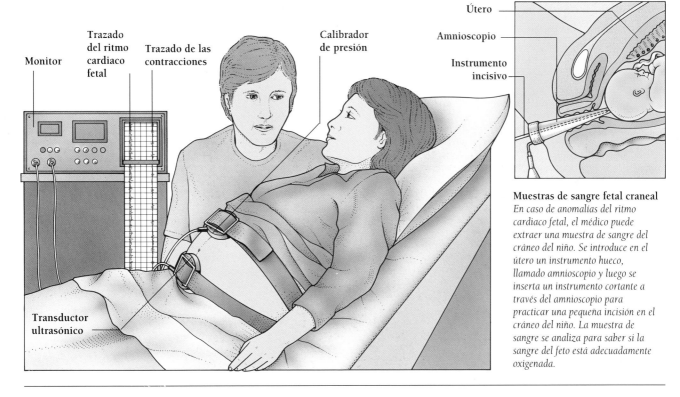

Muestras de sangre fetal craneal
En caso de anomalías del ritmo cardiaco fetal, el médico puede extraer una muestra de sangre del cráneo del niño. Se introduce en el útero un instrumento hueco, llamado amnioscopio y luego se inserta un instrumento cortante a través del amnioscopio para practicar una pequeña incisión en el cráneo del niño. La muestra de sangre se analiza para saber si la sangre del feto está adecuadamente oxigenada.

SEGUNDA FASE

El parto entra en su segunda fase cuando la mujer empieza a empujar para que el niño salga del útero y entre en la vagina, y termina con su nacimiento. Normalmente, esta fase dura entre 40 y 60 minutos si es un primer parto y entre 15 y 30 en los siguientes. Cuando el cuello está totalmente dilatado, el médico pide a la mujer que empuje con cada contracción. Si empuja antes de que el cuello se haya dilatado totalmente, los tejidos pueden inflamarse o romperse. Con ayuda de los impulsos maternos y de las contracciones del útero, la cabeza del niño atraviesa la pelvis.

Normalmente, el niño comienza la travesía de la pelvis con la cabeza vuelta hacia un lado, para girar a continuación para mirar hacia abajo.

Posturas para empujar

En esta fase del parto en que la mujer tiene que empujar, puede adoptar diversas posturas. Hay hospitales y médicos que prefieren unas posturas concretas, lo que se puede aclarar con el médico en alguna de las visitas prenatales.

La posición semirreclinada, con las piernas separadas, puede que sea la postura más cómoda para la mujer (véase abajo). O una postura «a gatas», con el peso del cuerpo sobre las manos y las rodillas, ponerse en cuclillas sobre la cama (frente al esposo, rodeándole el cuello o

NACIMIENTO DEL NIÑO

1 Cuando el niño está a punto de nacer, su cabeza expande la abertura vaginal provocando el abombamiento del ano y el perineo (región entre la abertura vaginal y el ano). El médico pide a la madre que empuje con cada contracción.

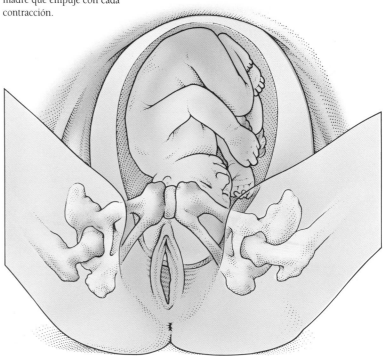

2 Cuando emerge la cabeza del niño, el médico pide a la madre respire rápidamente y que no empuje. Esto le permite controlar la salida de la cabeza y facilitar la distensión suave de los tejidos vaginales, reduciendo la posibilidad de rotura de los tejidos perineales.

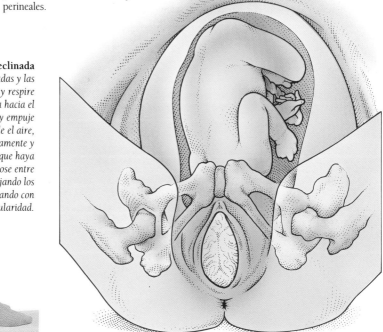

Empujar en posición semirreclinada
Al comienzo de cada contracción, siéntese con las piernas separadas y las manos en la parte externa de los muslos. Doble las piernas y respire profundamente. Baje la cabeza hacia el tórax, aguante la respiración y empuje durante 10 segundos, exhale el aire, aspire de nuevo profundamente y repita la operación hasta que haya cesado la contracción. Repose entre contracciones, relajando los músculos y respirando con regularidad.

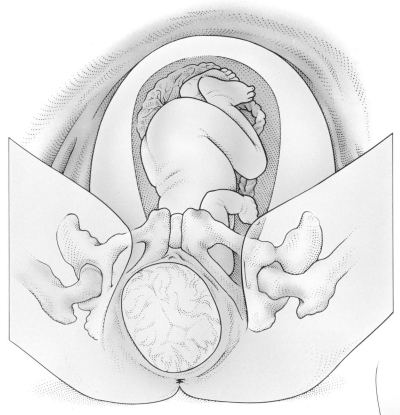

3 Normalmente, la cabeza del niño mira hacia abajo, hacia el ano, volviéndose a continuación de lado cuando sus hombros atraviesen la pelvis.

4 El médico limpia el líquido acumulado en la nariz y la boca del niño y comprueba que el cordón umbilical no esté enrollado alrededor de su cuello. Si es así, se pasa cuidadosamente por encima de la cabeza del niño o se sujeta con pinzas y se corta. Normalmente, la siguiente contracción es suficiente para que salgan los hombros. A continuación, el niño se desliza fuera de la vagina.

5 El cordón umbilical se pinza en dos puntos distintos y se corta entre ambos. El corte del cordón umbilical no hace daño al niño.

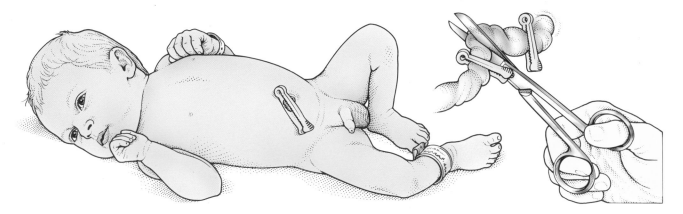

los hombros con los brazos) o en el suelo (normalmente, con el apoyo del esposo desde atrás) o el empleo de un taburete especial (parecido al asiento del inodoro).

TERCERA FASE

La tercera fase del parto dura desde el nacimiento del bebé hasta la expulsión de la placenta (las secundinas), normalmente, al cabo de 5 o 15 minutos.

Después del nacimiento del niño el útero sigue contrayéndose, aunque estas contracciones son menos dolorosas.

La placenta se desprende de la pared uterina y se desplaza hacia la parte inferior del útero o a la vagina.

En algunos casos, la mujer puede expulsar la placenta con sus impulsos; en otros, el médico ayuda a extraerla (véase derecha). A continuación, el médico examina detenidamente la placenta y las membranas que rodeaban al niño, para asegurarse de que se han expulsado todos los tejidos.

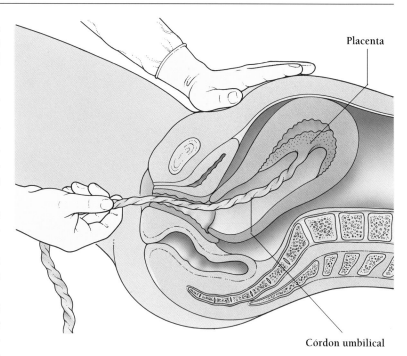

Placenta

Córdon umbilical

Expulsión de la placenta
Para ayudar a expulsar la placenta, el médico coloca una mano en el abdomen de la mujer y tira suavemente del cordón umbilical, mientras la mujer colabora empujando.

LOS PRIMEROS MOMENTOS CON EL NIÑO

Después de cortar el cordón umbilical y evaluar su estado, el niño es entregado a la madre para que lo tenga en brazos. En caso de existir preocupación por la respiración del niño, un pediatra trata primero este problema. La madre puede amamantar al niño en seguida. La lactancia refuerza a veces las contracciones uterinas, facilitando la expulsión de la placenta.

Con el niño en brazos
Después de su primer baño, al niño se le pone un pañal y un pijama, se le envuelve en una mantita y se le da de nuevo a la madre.

El primer baño del niño
Después de haberle puesto en sus brazos a su hijo por primera vez, una enfermera le dará su primer baño. Normalmente, esto tiene lugar en la sala de partos.

PARTO GEMELAR

Los gemelos deben ser estrictamente controlados durante todo el parto para comprobar que reciben oxígeno de la placenta. Inicialmente, se emplea la monitorización fetal externa (véase pág. 97) de ambos fetos; después de la rotura del saco amniótico («bolsa de las aguas»), se suele aplicar un electrodo al cráneo del niño que nacerá primero.

Tras el nacimiento del primer niño, el médico determina la posición del segundo. Si éste se encuentra con la cabeza hacia abajo y presenta un ritmo cardiaco normal, el parto puede proseguir de forma natural. En caso de que el segundo niño tenga una posición horizontal, el médico intentará posicionarlo con la cabeza hacia abajo o en presentación de nalgas (véase VERSIÓN EXTERNA, pág. 73).

Si no es posible girar al feto, se debe practicar una cesárea.

Las hemorragias son más frecuentes después del nacimiento de gemelos que del de un niño único, ya que la zona de adherencia de la placenta a la pared uterina es más amplia y el número de vasos sanguíneos afectados es mayor.

Asimismo, el útero se encuentra más dilatado y su contracción puede resultar menos eficaz, produciéndose hemorragia. Después del nacimiento de ambos niños, el médico puede administrar una inyección de oxitocina (véase pág. 107) para reforzar la contracción del útero y prevenir una hemorragia excesiva.

Parto gemelar
Después del nacimiento del primer niño, el médico aplica unas pinzas en su cordón umbilical para evitar que el otro niño pierda sangre a través de aquel. Este tipo de hemorragia puede producirse cuando se trata de gemelos idénticos (nacidos de un mismo óvulo), puesto que los dos fetos comparten una misma placenta.

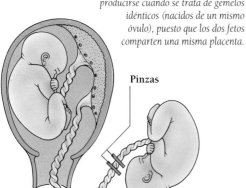

Pinzas

Posiciones de los gemelos
En la mayoría de los casos, la cabeza o las nalgas de uno o ambos gemelos están orientadas hacia abajo, pero a veces uno de los niños, o los dos, están en posición horizontal. Una ecografía realizada en la última fase del embarazo puede determinar la posición de los fetos. Las figuras de abajo, ilustran algunas de las posibles posiciones; entre paréntesis, aparece la frecuencia de cada combinación.

Ambos gemelos con la cabeza hacia abajo (45%)

Cabeza de uno y nalgas del otro hacia abajo (37%)

Ambos gemelos con las nalgas hacia abajo (10%)

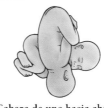

Cabeza de uno hacia abajo y posición horizontal del otro (5%)

Ambos en posición horizontal (0,5%)

PREGUNTE A SU MÉDICO ALUMBRAMIENTO

P Mi médico emplea la monitorización fetal en todos los partos. Un amigo me ha dicho que si se usa la monitorización fetal, tengo más probabilidades de que me practiquen una cesárea. ¿Es cierto?

R Debe preguntar a su médico bajo qué circunstancias recomienda la práctica de una cesárea. La relación entre la monitorización fetal e índice de cesáreas es controvertida. En algunos casos, la monitorización fetal puede haber dado lugar a un alto índice de detección de trastornos fetales potencialmente peligrosos, que hiciesen aconsejable recomendar la cesárea.

P Cuando visité al hospital donde pronto daré a luz a mi hijo, vi a una mujer que salía de la sala de partos con un gotero intravenoso. ¿Es un procedimiento de rutina?

R Durante el parto, muchos médicos administran una solución de líquidos y sustancias nutritivas. Esta práctica previene la deshidratación y proporciona un medio de administración de medicamentos, si es necesario. Pregunte a su médico en qué circunstancias considera necesaria la administración de líquidos por vía intravenosa.

P Me preocupa sentirme avergonzada en caso de una defecación cuando empuje en el parto. No quiero que me pongan un enema, pero ¿qué otras soluciones existen?

R Cuando comienza el parto la mayoría de las mujeres necesitan ir al lavabo con frecuencia y expulsan heces laxas, que suelen vaciar al colon. A pesar de ello, si le sucede durante el parto, esté segura de que el personal ha visto muchas situaciones similares y se encargarán de limpiarla inmediatamente.

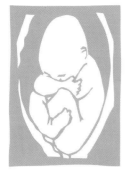

COMPLICACIONES DEL PARTO

CONFORTA RECORDAR que la mayoría de los partos se producen sin complicaciones, sin embargo, pueden presentarse problemas. La debilidad o ineficacia de las contracciones puede prolongar o detener el proceso del parto. En otros casos, la posición o el tamaño del feto hacen difícil o imposible su paso por la pelvis.

ANILLO DE CONSTRICCIÓN

En algunos casos, los músculos de la región central del útero sufren un espasmo, formándose el llamado anillo de constricción. Esta constricción puede impedir la dilatación del cuello o, si se produce durante la segunda fase del parto, prevenir el posterior descenso del feto.

Normalmente se requiere una cesárea.

Durante el transcurso del parto, las contracciones del útero suelen seguir unas pautas bien coordinadas e iniciarse en su parte superior (véase abajo). Si estas pautas no son coordinadas o si las contracciones son demasiado débiles para ser eficaces, el proceso del parto se ve alterado.

CONTRACCIONES INEFICACES

En algunos casos, las contracciones del parto se inician en la parte media del útero y se propagan de manera fortuita. Estas contracciones son tan frecuentes y dolorosas como las contraccio-

nes coordinadas, pero pueden fracasar a la hora de dilatar el cuello uterino. El parto, en estas condiciones, será un proceso lento. Si persiste la anormalidad de las contracciones, se puede requerir una cesárea antes de que el feto sufra un estrés excesivo.

A veces, las contracciones débiles pueden fortalecerse con la rotura de las membranas del saco amniótico (véase pág. 107). También se pueden intensificar con la administración de oxitocina, medicamento que estimula las contracciones (véase pág. 107). Las contracciones del parto pueden iniciarse con normalidad y, sin embargo, cesar repentinamente.

Antes de administrar oxitocina para intentar reanudar las contracciones, el médico ginecólo-

Contracciones uterinas
Normalmente, durante el parto la parte superior del útero se contrae con mayor intensidad que la parte inferior (véase derecha), empujando al niño hacia abajo, hacia el canal del parto (paso que se extiende desde el cuello uterino hasta la abertura vaginal). En algunas ocasiones, sin embargo, esta pauta se invierte y las contracciones más intensas se producen en la parte inferior del útero, lo que hace imposible el descenso del niño hacia la vagina (véase extremo derecha). El médico puede administrar oxitocina para reforzar las contracciones, pero si fracasa el tratamiento es necesario recurrir a una cesárea.

Contracciones
normales

Contracciones
invertidas

go comprobará la posición del feto y la ausencia de malformaciones de la pelvis femenina u otros factores que pueden obstruir el paso del niño.

CANAL DEL PARTO

En ciertas ocasiones, a pesar de la intensidad de las contracciones uterinas, el cuello no se dilata. Esto se puede deber a una fibrosis (tejido cicatricial) si la mujer ha sido sometida a una intervención quirúrgica extensa del cuello, o a fibromas (tumores no cancerosos) cervicales. En tal caso, podría requerirse una cesárea.

Fibromas uterinos
La presencia de fibromas (tumores no cancerosos) en la pared uterina puede impedir la contracción normal del útero o bloquear el paso del niño. En tal caso, puede requerirse una cesárea.

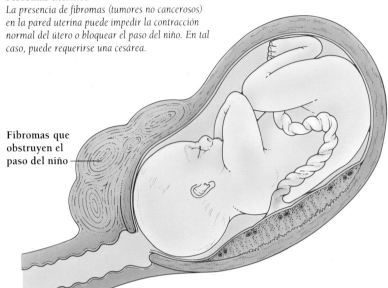

Fibromas que obstruyen el paso del niño

PELVIS REDONDA

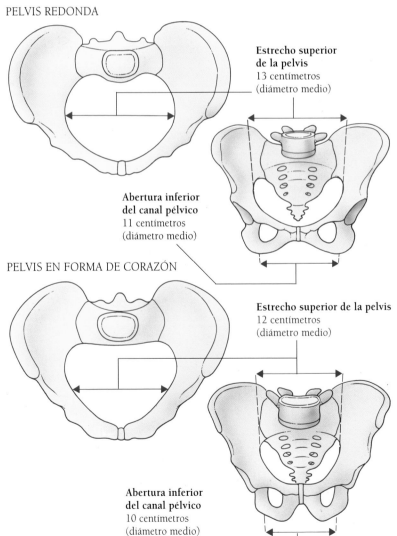

Estrecho superior de la pelvis
13 centímetros (diámetro medio)

Abertura inferior del canal pélvico
11 centímetros (diámetro medio)

PELVIS EN FORMA DE CORAZÓN

Estrecho superior de la pelvis
12 centímetros (diámetro medio)

Abertura inferior del canal pélvico
10 centímetros (diámetro medio)

Forma y tamaño de la pelvis

Las anomalías pélvicas pueden impedir el paso del niño por el canal del parto (el paso que va del cuello a la abertura vaginal). La osteomalacia (debilitamiento óseo debido al déficit en vitamina D) es una de las enfermedades que causan anomalías de la forma y tamaño de la pelvis femenina con lo cual el parto se ve dificultado por esta anomalía.

El tamaño de la pelvis materna en relación al tamaño de la cabeza del niño, es un factor crucial que influye en la facilidad del parto y que hay que tener en cuenta. Si la pelvis femenina es demasiado pequeña para permitir el paso del niño (debido a la estructura de los huesos pélvicos o al tamaño excesivo del feto), éste no podrá descender lo necesario para que la cabeza encaje en la entrada del canal del parto (véase pág. 90). También en este caso se requiere una cesárea.

Formas de la pelvis
Los médicos pueden evaluar la forma de la pelvis femenina para prever posibles complicaciones durante el parto. Las formas de la pelvis se dividen en cuatro tipos fundamentales. Las pelvis redondeadas u ovaladas y alargadas suelen permitir el paso del niño fácilmente. Las pelvis estrechas, en forma de corazón, o planas y ovaladas, dificultan el paso del niño por el canal del parto.

POSICIÓN DEL NIÑO

Durante la primera fase del parto, el feto suele encontrarse con la cabeza hacia abajo y mirando hacia la espalda de la madre. Esta posición facilita el paso del niño por el canal del parto más que cualquier otra. Si la posición del feto es anormal (con la cabeza hacia abajo pero mirando hacia el abdomen materno, por ejemplo), su cabeza no podrá descender hasta la parte inferior de la pelvis (véase ENCAJAMIENTO, pág. 90) antes del comienzo del parto, o quizá descienda pero sin atravesar totalmente el canal del parto.

Presentación de nalgas

Normalmente, durante los primeros estadios del embarazo, el feto se encuentra en posición de nalgas; con la cabeza hacia arriba. Alrededor de la 36ª semana, su posición ha variado y está con la cabeza hacia abajo. Si este cambio no se ha producido hasta la 36ª semana, es probable que no ocurra de forma espontánea. El médico puede intentar girar al feto manipulando el abdomen de la madre (véase VERSION EXTERNA, pág. 73). Si el giro es fácil, el feto puede volver a cambiar de posición antes del parto. La versión externa plantea asimismo un riesgo de lesión para la placenta.

TIPOS DE PRESENTACIÓN DE NALGAS DURANTE EL PARTO

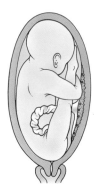

Presentación de nalgas abierta
En esta posición, las caderas del niño están flexionadas y sus piernas extendidas.

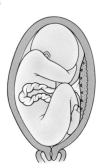

Presentación de nalgas completa
En este tipo de presentación de nalgas, tanto las caderas como las rodillas del niño están flexionadas.

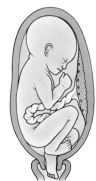

Presentación de pies
La presentación de pies significa que uno o ambos pies del niño están situados o sobresalen del cuello uterino.

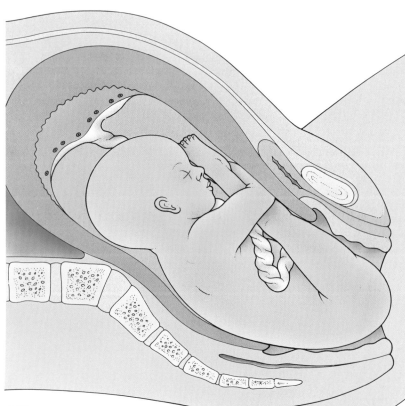

Parto vaginal de nalgas
En algunas circunstancias es posible el parto vaginal de un niño con presentación de nalgas. La presentación abierta es el tipo más frecuente de presentación de nalgas y el más fácil de llevar a término.

Parto con fórceps

En caso de parto vaginal de un niño en presentación de pies, el médico puede necesitar emplear fórceps para facilitar el paso de la cabeza a través del canal del parto.

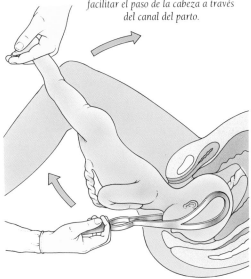

Causas de presentación de nalgas

Aproximadamente el 3% de los niños tienen posición de nalgas durante el parto. La presentación de nalgas es más probable cuando existe más de un feto, si hay exceso de líquido amniótico o si el feto es muy pequeño.

Asimismo, en las mujeres que han tenido varios hijos, la mayor relajación de los músculos abdominales y uterinos puede hacer más fácil que el feto adopte la posición de presentación de nalgas.

Parto de nalgas

Los riesgos que supone el parto de nalgas, tanto para la madre como para el niño, hacen necesaria en muchas ocasiones la cesárea. El parto vaginal de nalgas plantea mayor riesgo de lesiones tanto para la madre como para el niño o de insuficiencia del suministro de oxígeno para el niño, debido al prolapso del cordón umbilical (véase derecha).

Para determinar la conveniencia de un parto vaginal de nalgas, el médico debe considerar diversos factores.

Una ecografía, por ejemplo, puede determinar si el tamaño del bebé permite su paso por la pelvis.

A lo largo del parto, la monitorización del feto debe ser continua y el médico estar preparado para practicar una cesárea en cuanto el niño muestre signos de estrés o el parto no progrese normalmente.

OTRAS PRESENTACIONES

Si en el momento en que se inicia el parto el feto está en posición horizontal en el útero, puede aparecer primero uno de sus brazos (prolapso braquial). En estos casos, el parto vaginal es imposible y se practica una cesárea. También es necesaria la cesárea cuando el cuello del niño está extendido de modo que presenta la frente (presentación mentoniana) o la cara (presentación de cara), puesto que estas posiciones dificultan el paso del niño por el canal del parto.

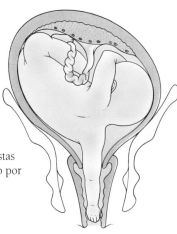

Prolapso braquial

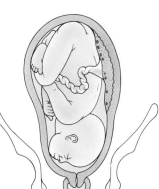

Presentación de frente

Presentación facial

Prolapso del cordón umbilical

En caso de prolapso del cordón umbilical en el cuello uterino o en la vagina también es necesaria una cesárea. Para evitar la compresión del cordón (que puede reducir el aporte de oxígeno al niño) hasta el momento de la cesárea, la mujer debe arrodillarse, apoyando los antebrazos en el suelo y la cabeza sobre ellos para mantenerla a un nivel más bajo que las caderas; en esta posición, el médico introduce la mano en la vagina para apartar suavemente la cabeza del niño del cuello y libera el cordón.

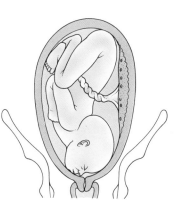

Prolapso del cordón umbilical

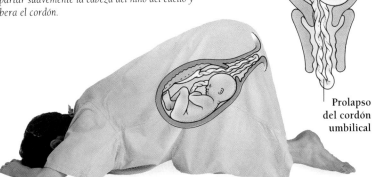

INTERVENCIÓN DURANTE EL PARTO

EN OCASIONES resulta necesario inducir el parto en vez de esperar que se produzca de forma natural; cuando una enfermedad materna se ha visto agravada por el embarazo, por ejemplo, o si el niño corre algún tipo de peligro. Asimismo durante el parto pueden surgir problemas que pongan en peligro a la madre o al niño y que precisen intervención médica, el uso de fórceps o una cesárea.

Si el médico decide inducir el parto, administrará a la mujer un medicamento denominado oxitocina (véase pág. 107). Si este medicamento no desencadena el parto o si el niño necesita salir inmediatamente durante la primera fase del parto, se practicará una cesárea. En caso de progresar la primera fase del parto y requerirse el nacimiento inmediato del niño en la segunda etapa, el método de intervención elegido dependerá de la posición de la cabeza y del grado de descenso. Las posibilidades incluyen parto con la ayuda de fórceps (véase pág. 109), ventosa obstétrica (véase pág. 111) o de una cesárea (véase pág. 112).

PARTO INDUCIDO

El parto se induce sólo cuando la continuación del embarazo plantea riesgos para la mujer o para el niño (véase abajo). Antes de inducir el parto, el médico explicará a la mujer las razones por las que recomienda este procedimiento y le preguntará qué tipo de anestesia prefiere (véase ADMINISTRACIÓN DE CALMANTES PARA EL DOLOR DURANTE EL PARTO, pág. 96). Después de la inducción, las contracciones pueden producirse repentinamente y ser tan dolorosas como las naturales.

¿CUÁNDO SE INDUCE EL PARTO?

♦ El parto se induce en caso de preeclampsia grave (hipertensión del embarazo).

♦ Si el embarazo se prolonga más de lo normal, la función de la placenta pierde, paulatinamente, su eficacia. A partir de la 41ª o 42ª semana, el parto debe ser inducido.

♦ El parto es inducido en un estadio temprano si la mujer es diabética y el niño es excesivamente grande o presenta malformaciones de crecimiento, o si la diabetes materna resulta difícil de controlar con medicamentos.

♦ Si el niño presenta alguna anomalía y su estado empeora, el parto será inducido para poder instaurar el tratamiento apropiado.

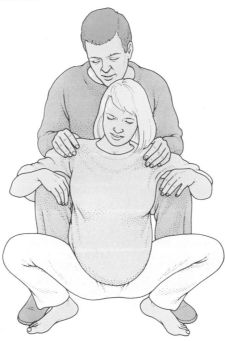

♦ El parto es también inducido si la placenta no proporciona la cantidad adecuada de oxígeno y sustancias nutritivas.

♦ Si la mujer presenta sensibilización Rh (véase pág. 79) y el feto sufre anemia grave e insuficiencia cardiaco, el parto será inducido.

♦ En caso de muerte del feto en el útero sin que se inicie un parto espontáneo, éste será inducido.

♦ En caso de embarazo múltiple (más de un feto), la hipertensión de la madre, el crecimiento anormalmente lento de los bebés o la superación de la 38ª semana del embarazo, son causas para inducir el parto.

MÉTODOS DE INDUCCIÓN DEL PARTO

Son varios los métodos que se pueden emplear para inducir el parto. El método elegido depende en parte de si el cuello ha experimentado los cambios normales que ocurren durante las últimas semanas del embarazo (véase derecha). El ritmo cardiaco del feto y las contracciones uterinas de la madre se monitorizan electrónicamente antes y durante la inducción del parto (véase pág. 97).

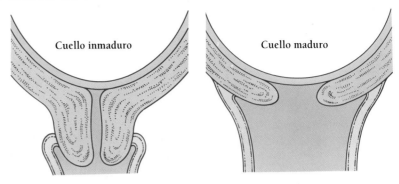

Cuello inmaduro   Cuello maduro

Maduración cervical
Durante las últimas semanas del embarazo, el cuello uterino sufre cambios preparándose para el parto (proceso llamado «maduración»). Los tejidos cervicales se ablandan y se afinan y empiezan a retirarse hacia arriba, produciendo en ensanchamiento de la abertura (véase arriba derecha). Cuanto más avanzado se encuentre este proceso, más fácil es inducir el parto.

Rotura artificial de las membranas
Si el cuello ha madurado (véase arriba derecha) y se ha dilatado al menos 2 centímetros, el médico puede provocar la rotura del saco amniótico. Para ello, separa sus membranas de la parte inferior del útero y las rompe con unos fórceps especiales o con un gancho amniotómico (figura de la derecha). Se cree que la liberación del líquido amniótico provoca un aumento de producción cervical de prostaglandinas, sustancias que pueden estimular las contracciones uterinas. En caso de no iniciarse las contracciones transcurrida una hora, se administrará oxitocina (véase abajo).

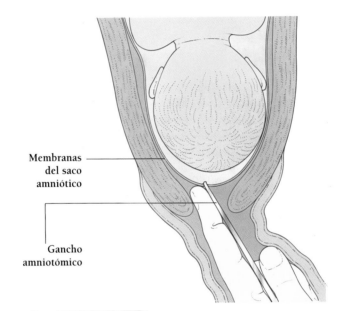

Membranas del saco amniótico

Gancho amniotómico

RIESGOS DEL PARTO INDUCIDO

La rotura artificial de las membranas del saco amniótico puede producir una repentina reducción del volumen del líquido amniótico. En alguna ocasión, la brusca reducción de líquido puede causar el desprendimiento de la placenta de la pared uterina, privando al niño de oxígeno. El saco amniótico sirve asimismo como barrera natural contra las infecciones. La rotura de las membranas aumenta el riesgo de infección para la madre y para el niño, aunque este riesgo no es significativo hasta transcurridas 12 a 24 horas. En caso de administración de oxitocina para inducir el parto, la cantidad del medicamento debe ser cuidadosamente controlada. El exceso de oxitocina puede producir contracciones uterinas excesivamente fuertes, poniendo al niño en peligro.

Infusión de oxitocina

Oxitocina
La oxitocina es una hormona producida por el cuerpo de la mujer antes del parto y que estimula las contracciones de los músculos uterinos. Si el cuello ha madurado (véase arriba), se puede administrar una forma sintética de oxitocina en gota a gota intravenoso para inducir el parto. Normalmente, la inducción se inicia lentamente y con pequeñas cantidades de oxitocina, bajo monitorización estricta de la respuesta del útero y del feto. La cantidad de oxitocina puede aumentarse gradualmente, hasta que comienzan las contracciones uterinas.

CASO CLÍNICO
FETO PEQUEÑO

POCO DESPUÉS DE quedarse embarazada, el ginecólogo observó que la presión sanguínea de Laura estaba ligeramente alta, que le advirtió que probablemente ya tenía la presión alta antes del embarazo. Como precaución, le recomendó que controlarse la presión dos veces por semana y le programó ecografías mensuales, dado que la hipertensión puede perjudicar al ritmo de crecimiento del feto.

DATOS PERSONALES
Nombre: Laura Puértolas Roig
Edad: 22 años
Ocupación: Secretaria
Familia: La salud de sus padres es buena; no hay historial de hipertensión.

to del feto. También recomienda un control fetal todas las semanas, mediante la prueba «nonstress». Le explica que los movimientos del feto deben incrementar su ritmo cardiaco y que la prueba «nonstress» detecta este incremento, registrando los movimientos fetales y el ritmo cardiaco en una tira de papel. En la 38ª semana del embarazo, el ginecólogo dice a Laura que el reducido aporte de oxígeno supone un riesgo excesivo para el feto y recomienda inducir el parto.

RESULTADO
Laura ingresa en el hospital, donde se procede a la monitorización inmediata de los latidos del feto. El ginecólogo induce el parto administrando oxitocina en gota a gota intravenoso. Las contracciones tardan en producirse de forma regular, pero una vez que lo hacen el parto es relativamente breve y Laura da a luz una niña.

HISTORIAL CLÍNICO
El último chequeo de Laura antes del embarazo fue hace 4 años. Nunca ha tenido enfermedades graves y nunca pensó que tuviese la presión sanguínea elevada.

INVESTIGACIÓN
La presión sigue alta. Las ecografías mensuales son necesarias para determinar los posibles efectos de la hipertensión sobre el feto. El ginecólogo compara las mediciones del esqueleto fetal obtenidas a través de las ecografías para seguir el ritmo de su crecimiento. La ecografía realizada en la 30ª semana muestra que el feto no crece al ritmo adecuado

DIAGNÓSTICO
El médico informa a Laura de que la causa del lento crecimiento del feto es un cuadro conocido como INSUFICIENCIA PLACENTARIA. La hipertensión de Laura ha afectado los vasos sanguíneos de la placenta, restringiendo el aporte de sangre cargada de oxígeno y sustancias nutritivas. Aparte de la disminución del ritmo de crecimiento del feto, el ginecólogo no detecta otros trastornos.

TRATAMIENTO
El médico aconseja a Laura reposo absoluto y le dice que continuará controlándole la presión sanguínea y el crecimien-

Pequeña pero sana
Aunque la niña de Laura es pequeña, el médico le asegura que con la alimentación adecuada, el desarrollo y crecimiento de la niña seguirán un ritmo normal.

PARTO CON AYUDA DE FÓRCEPS

Durante un parto difícil, se pueden introducir fórceps obstétricos (instrumento en forma de cuchara) en la vagina para facilitar la salida de la cabeza del niño.

En algunos casos, la primera fase del parto transcurre sin problemas, pero en la segunda fase se hace necesario un nacimiento inmediato debido a un posible riesgo para la mujer o para el niño.

Si la cabeza del bebé ha descendido hasta la parte inferior de la pelvis materna, el médico puede facilitar el nacimiento con ayuda de fórceps (véase pág. 110).

En la mayoría de los casos, el parto con fórceps es más rápido y menos traumático que una cesárea, a la vez que menos peligroso para la madre y el niño.

No obstante, el uso de fórceps conlleva algún riesgo. Los fórceps pueden dejar señales temporales en la cabeza del niño, ejercer presión contra su cuello y su columna vertebral o lesionar sus nervios faciales. Los posibles riesgos para la mujer incluyen desgarros de los tejidos vaginales o retención transitoria de orina a causa de las lesiones hísticas causadas por los fórceps.

¿Cuándo se emplean los fórceps?

El médico emplea fórceps durante el parto en las siguientes situaciones:

◆ Cuando la alteración del ritmo cardiaco del feto indica que el niño está estresado.

◆ Cuando las contracciones y los impulsos maternos durante la segunda fase del parto dejan de ser eficaces y se detiene el descenso del niño por el canal del parto.

◆ Cuando la mujer se siente agotada y no puede empujar eficazmente.

◆ Cuando la mujer presenta alguna enfermedad (una cardiopatía, por ejemplo) que hace peligrosa la tensión derivada del empuje en la segunda fase del parto.

◆ En caso de presentación de nalgas (véase pág. 104), para facilitar la salida de la cabeza del niño.

Medicación contra el dolor

El uso de fórceps requiere la administración de un anestésico regional (epidural) o local (bloqueo pudendo). En caso de anestesia epidural (véase pág. 96), la permanencia del catéter permite la administración de nuevas dosis de anestesia.

Por otra parte, se puede realizar un bloqueo pudendo para insensibilizar la vagina y los tejidos circundantes.

¿CUÁNDO ES SEGURO EL PARTO CON FÓRCEPS?

Para que el parto con fórceps no plantee riesgos, deben darse todas las condiciones siguientes: la dilatación cervical debe ser total (véase pág. 94); debe producirse la rotura de las membranas amnióticas; debe haber encajamiento del diámetro máximo de la cabeza del niño (véase ENCAJAMIENTO, pág. 90) cerca o en la parte inferior de la pelvis; el médico no debe tener dudas respecto a la posición de la cabeza; la pelvis debe tener la anchura suficiente como para permitir el paso de la cabeza sin peligro; y la vejiga materna ha de estar vacía.

EPISIOTOMÍA

La episiotomía consiste en una incisión practicada en el perineo (tejido entre la abertura vaginal y el ano) de la mujer para evitar su desgarramiento y el de la vagina o las lesiones a la cabeza del niño.

La episiotomía se practica cuando los tejidos vaginales no se han dilatado adecuadamente para permitir el paso de la cabeza del feto; en caso de parto prematuro, la episiotomía evita la presión contra la cabeza del niño; asimismo, es necesaria si se van a emplear fórceps.

Tras la expulsión de la placenta, la incisión episiotómica se sutura con puntos absorbibles. El área que rodea la incisión estará dolorida durante algunos días. La aplicación de una bolsa de hielo, los baños de asiento con agua tibia o el uso de un cojín o una almohadilla hinchable para sentarse, pueden aliviar las molestias.

Para evitar una posible infección se debe limpiar el área con agua tibia después de orinar o defecar, secándola cuidadosamente.

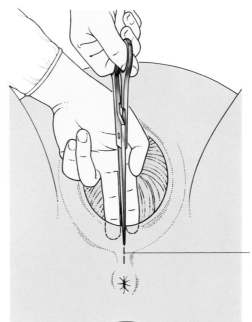

Incisión
Antes de hacer la incisión se inyecta un anestésico a lo largo de la línea donde se practicará. El médico introduce dos dedos contra la pared posterior de la vagina, para proteger la cabeza del niño, y con unas tijeras practica la incisión entre la abertura vaginal y el ano, mientras se produce una contracción.

Incisión

PARTO CON FÓRCEPS

Aunque en la actualidad los fórceps no se utilizan tanto como antes, en ocasiones es necesario emplearlos para el alumbramiento de un niño. Pregunte a su médico las condiciones en las que recomienda el uso de fórceps y los riesgos de este tipo de parto (véase pág. 109). A continuación se describe el procedimiento de un parto con fórceps.

1 El médico introduce los dedos de una mano en la vagina de la mujer. A continuación, inserta una de las hojas de los fórceps en la vagina, valiéndose de la otra mano para guiarla alrededor de la cabeza del niño.

3 El médico comprueba que no hay tejidos vaginales atrapados entre las hojas de los fórceps. Comprueba también la posición de los fórceps en la cabeza del niño y encaja las asas entre sí.

Asas de los fórceps

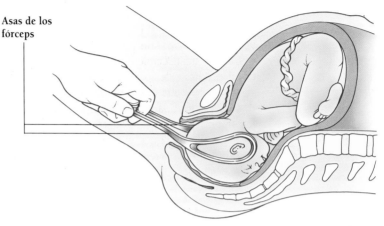

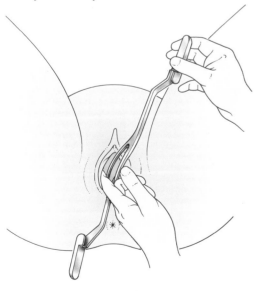

Hoja de fórceps

2 El médico introduce en la vagina la otra hoja de los fórceps.

4 El médico tira suavemente de los fórceps, inclinando el asa hacia abajo. A medida que desciende la cabeza del niño, el médico gira los fórceps hacia una posición más horizontal enfocándolos, luego, hacia arriba, sin dejar de tirar con suavidad. La acción del médico se coordina con los impulsos y las contracciones de la mujer. Cuando la aparición del niño es inminente, se practica una episiotomía (véase pág. 109).

Cabeza del niño

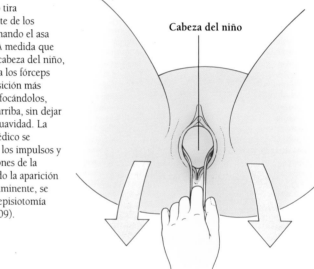

5 Cuando ha aparecido la cabeza del niño, se retiran los fórceps y se concluye el parto.

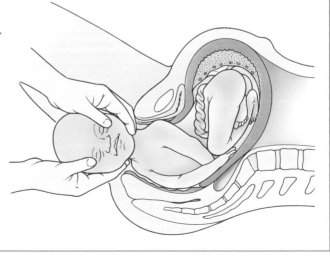

PARTO CON VENTOSA OBSTÉTRICA

La ventosa obstétrica, una técnica desarrollada en los años cincuenta, se emplea en ocasiones como alternativa a los fórceps para facilitar el nacimiento del niño (véase abajo).

Las circunstancias por las que se recurre a la ventosa obstétrica son generalmente las mismas que hacen aconsejable el uso de fórceps: cuando el progreso del parto se detiene durante la segunda fase, si la mujer presenta una enfermedad (una cardiopatía, por ejemplo) que puede hacer peligrosa la continuación del parto, en caso de agotamiento, cuando la mujer ya no puede empujar con eficacia, o cuando el niño presenta signos de estrés. En caso de presentación facial o de frente (véase pág. 105), de parto prematuro o de estrés fetal grave, la ventosa obstétrica no se utiliza.

La ventosa obstétrica requiere menos anestesia que el uso de fórceps y no implica necesariamente la práctica de una episiotomía. Sin embargo, plantea algunos riesgos tanto para la madre como para el niño. Estos riesgos consisten en posibles cortes y magulladuras en el cráneo del niño, hemorragia intracraneal y posibles lesiones de los tejidos de la vagina y el cuello uterino de la mujer.

La succión implícita en esta técnica puede producir inflamación del cuero cabelludo del niño pero suele desaparecer pronto después del nacimiento.

CÓMO SE USA LA VENTOSA OBSTÉTRICA

La ventosa obstétrica consiste en una copa de plástico en forma disco, acoplada a un aspirador. Normalmente, el parto con ventosa obstétrica es más lento que con la ayuda de fórceps pero plantea menor riesgo de lesión al tracto genital femenino.

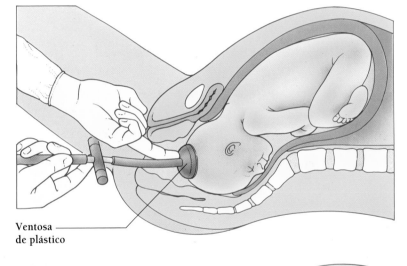

1 La ventosa de plástico se introduce en la vagina y se aplica a la cabeza del niño. Tras la conexión del aspirador, la succión generada mantiene la ventosa adherida a la cabeza.

Ventosa de plástico

2 Por medio del asa acoplada a la ventosa de plástico, el médico tira suavemente con cada contracción hasta que aparece la cabeza del niño por la vagina. En caso necesario, practica una episiotomía para facilitar el paso del niño. Una vez que aparece la cabeza, el médico desconecta al aspirador y retira la ventosa de la cabeza del niño. A continuación, extrae el resto del cuerpo.

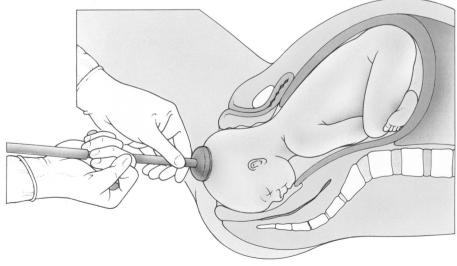

CESÁREA

La cesárea es un procedimiento quirúrgico que permite la extracción del niño a través de una incisión practicada en el abdomen materno. Se cree que las primeras cesáreas se practicaron en el siglo XVI. En el pasado, el índice de mortalidad asociado con esta operación era muy elevado. El nivel de seguridad de las cesáreas ha aumentado espectacularmente a lo largo de los años como resultado del perfeccionamiento de las técnicas quirúrgicas (véase derecha) y de los avances de la tecnología médica. El desarrollo y empleo de transfusiones de sangre, antibióticos y nuevos tipos de anestesia ha hecho que la cesárea se convierta en un procedimiento seguro; no obstante, en raras ocasiones, sigue siendo una causa de muerte (menos de 1 por cada 1.000 mujeres).

Tipos de incisión empleados en la cesárea

Antes se practicaba una incisión vertical en la parte superior (muscular) del útero. Actualmente, los médicos suelen practicar una incisión horizontal en la parte inferior (fibrosa) del útero, más delgada y con menos vasos sanguíneos que la parte superior. El lugar de la incisión en la parte inferior del útero está sometida a una tensión mucho menor y tiene muchas menos probabilidades de desgarro en caso de parto vaginal posterior que la incisión practicada en la porción superior.

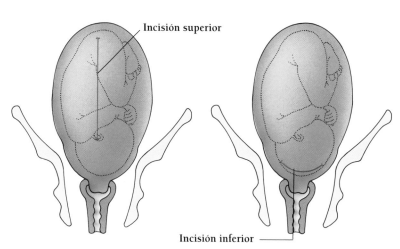

Incisión superior

Incisión inferior

CUÁNDO SE PRACTICA UNA CESÁREA

El porcentaje de nacimientos por cesárea se sitúa en torno al 20%. La cesárea puede practicarse de forma programada (si el médico considera que los riesgos del parto vaginal son excesivamente altos) o como procedimiento de urgencia, en caso de trastornos durante el parto.

Quizá le interese preguntar al médico en qué circunstancias consideraría necesario recurrir a la cesárea. A continuación, damos algunos indicadores de tal necesidad.

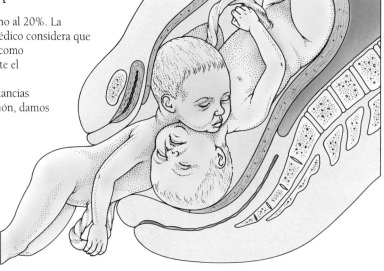

Gemelos trabados

En raras ocasiones, los gemelos pueden quedarse trabados por el mentón de modo que ninguno de los dos consigue una posición adecuada para un parto vaginal. Es necesario practicar una cesárea.

Complicaciones para la mujer
♦ El parto no puede pasar de la primera a la segunda fase.
♦ Los intentos de inducir el parto resultan ineficaces.
♦ Preeclampsia (hipertensión del embarazo) de rápido empeoramiento que hace imposible la inducción del parto.
♦ Dos o más cesáreas anteriores.
♦ Tejido cicatricial uterino debido a intervenciones quirúrgicas previas (para la extirpación de fibromas, por ejemplo).
♦ Brote activo de una infección de herpes genital (que puede ser transmitida al niño por vía vaginal).

Complicaciones para el niño
♦ Estrés producido por la falta de oxígeno.
♦ Protrusión del cordón umbilical en el cuello uterino o en la vagina.
♦ Parto gemelar cuando el primero en nacer viene en presentación de nalgas.
♦ Parto múltiple (normalmente, de tres o más fetos).
♦ Presentación fetal horizontal o de otro tipo que haga el parto vaginal imposible.
♦ Feto muy grande.

Complicaciones para la mujer y el niño
♦ Feto con cabeza excesivamente grande, que no puede pasar por la pelvis materna.
♦ Situación anormalmente baja de la placenta en el útero o desprendimiento de la placenta de la pared uterina.
♦ Fracaso del empleo de fórceps.

PARTO CON CESÁREA

Entre el 60 y el 80% de las mujeres que han tenido una cesárea pueden tener su próximo hijo por vía vaginal. El parto vaginal es posible cuando la incisión de la cesárea se ha practicado horizontalmente, en la parte inferior del útero.

CASO CLÍNICO
CONTRACCIONES DÉBILES

EL EMBARAZO DE MONTSE progresaba con normalidad y no se habían presentado complicaciones. Una vez iniciado el parto, todo parecía discurrir con normalidad. Montse llamó al médico cuando las contracciones se producían cada 10 minutos y el médico le dijo que fuera al hospital.

DATOS PERSONALES
Nombre: Montse Iturralde Ballesteros
Edad: 23 años
Ocupación: Ilustradora
Familia: Sus padres gozan de buena salud.

HISTORIAL CLÍNICO

En las visitas prenatales la presión sanguínea y los análisis de sangre y de orina de Montse eran normales y no tuvo problemas de retención de líquidos. El niño crecía con normalidad y Montse se sentía bien.

EN EL HOSPITAL

El médico practica frecuentes exploraciones internas (pélvicas) para comprobar el grado de dilatación del cuello uterino de Montse. Al principio todo va bien, pero cuando el cuello alcanza unos 4 centímetros de dilatación, las contracciones se debilitan y la dilatación se detiene por completo.

DIAGNÓSTICO

El médico explica que Montse presenta CONTRACCIONES INEFICACES, lo que significa que las contracciones no tienen fuerza suficiente como para dilatar el cuello completamente.

No se conoce con exactitud la causa de este problema, pero es posible estimular las contracciones.

TRATAMIENTO

Para estimular las contracciones, el médico administra a Montse oxitocina en gota a gota intravenoso, monitorizando en todo momento las contracciones de la madre y el ritmo cardiaco del niño (véase abajo). Las contracciones se intensifican, pero después de más de 2 horas, el médico observa que la dilatación cervical no ha progresado y que la cabeza del niño tampoco ha descendido más en la pelvis. El médico explica a Montse que es muy poco probable que el cuello se dilate más. Recomienda una cesárea. Montse plantea muchas preguntas y, finalmente, accede a la operación.

La cesárea se practica bajo anestesia general y nace una niña sana.

RESULTADO

Montse se recupera sin complicaciones, y puede volver a su casa al cabo de pocos días junto con la niña.

Durante una de las visitas posteriores, Montse pregunta al médico si podrá tener otro hijo por parto vaginal, a lo que el médico responde que, puesto que la incisión se practicó en la parte inferior del útero, no hay razón por la que no pueda intentar tener sus futuros hijos por vía vaginal.

Monitorización fetal interna
Un electrodo introducido a través de la vagina de Montse y aplicado al cráneo del niño, permite la monitorización continua del ritmo cardiaco. Un catéter (tubo delgado) sensible a la presión se inserta en el útero, al lado del feto, para registrar las contracciones.

Electrodo craneal   **Catéter sensible a la presión**

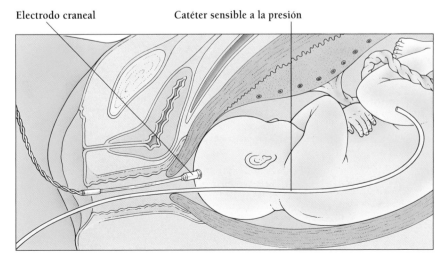

PROCEDIMIENTOS QUIRÚRGICOS
CESÁREA

LA CESÁREA suele practicarse en un quirófano adyacente a la sala de partos. Si el médico conoce de antemano la necesidad de una cesárea (por ejemplo, si la mujer tiene trillizos o ya ha tenido dos cesáreas anteriores) la operación suele practicarse hacia a la 39ª semana del embarazo. En caso de emplear anestesia epidural (regional) en vez de anestesia general, se suele permitir la presencia del padre para que dé apoyo a la mujer. El alumbramiento por cesárea sólo requiere unos minutos, pero el procedimiento en su totalidad dura entre 40 y 60 minutos.

1 Se rasura la parte inferior del abdomen materno y se inserta una sonda (tubo delgado) en la vejiga para drenar la orina. Se instaura una infusión de líquidos intravenosos y se administra anestesia epidural (véase pág. 96) o general. La anestesia epidural plantea menos riesgos, pero a veces es necesaria la general de efecto más rápido (en caso de hemorragia vaginal profusa, por ejemplo).

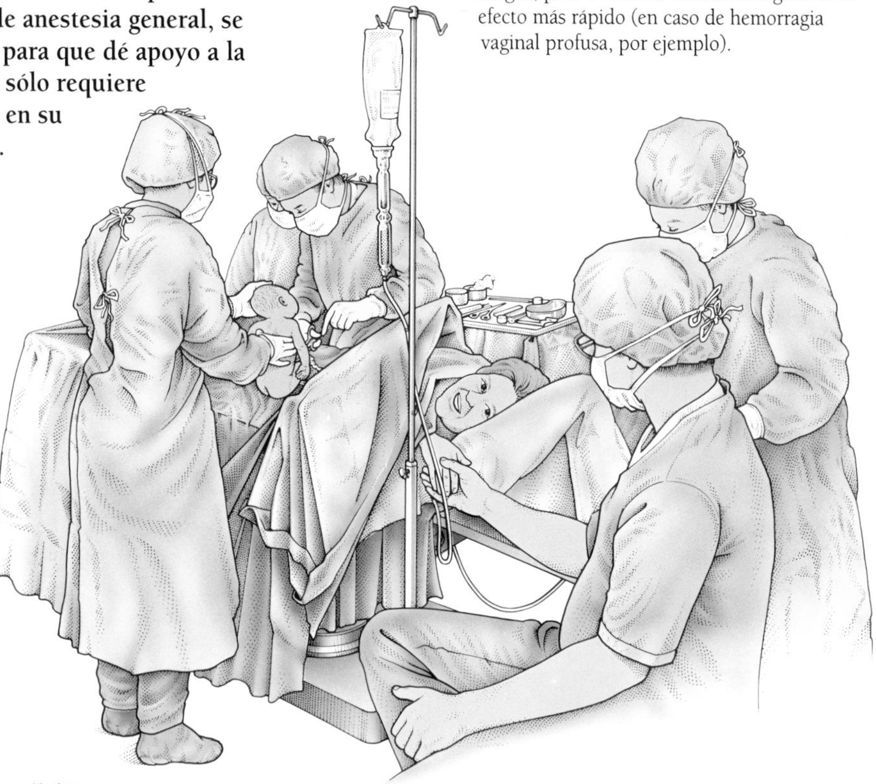

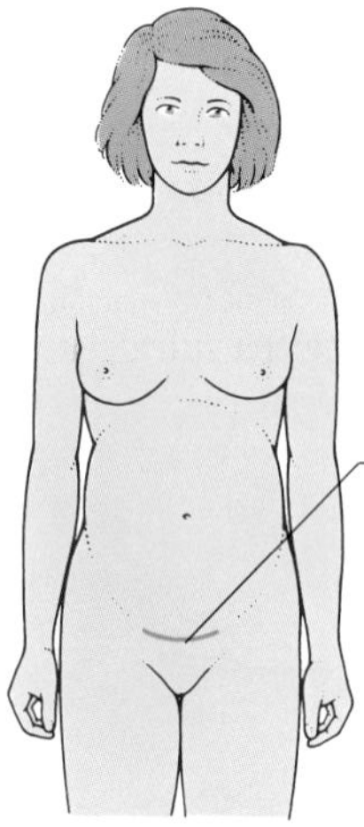

Incisión

2 La mujer está echada, ligeramente de lado sobre la mesa de operaciones. Se limpia el abdomen con una solución antiséptica y se aplican paños esterilizados, dejando expuesta la parte inferior del abdomen. El médico practica una incisión horizontal, normalmente cerca del vello púbico. En ocasiones, se recurre a una incisión vertical (que se extiende desde debajo del ombligo hasta la línea del comienzo del vello púbico).

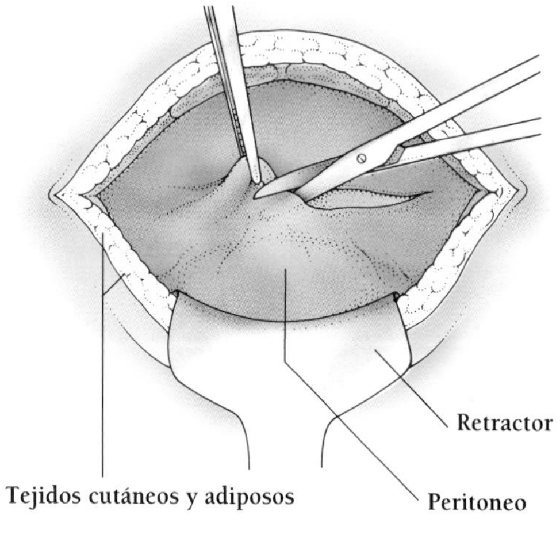

Tejidos cutáneos y adiposos

Retractor

Peritoneo

3 El médico hace la incisión más profunda, atravesando cuidadosamente la piel y los tejidos adiposos de la pared abdominal, y coloca un retractor en el borde inferior de la incisión para mantener los tejidos separados. A continuación, practica una incisión horizontal en la delgada membrana que cubre la cavidad abdominal, el peritoneo.

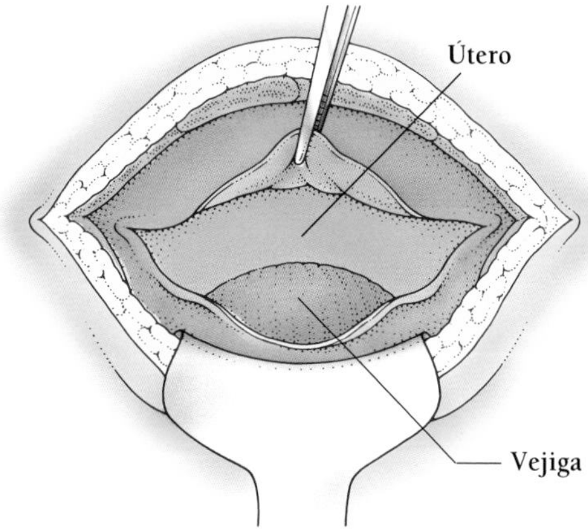

Útero

Vejiga

4 El médico secciona el tejido fibroso del interior de la cavidad abdominal para separar del útero la parte superior de la vejiga.

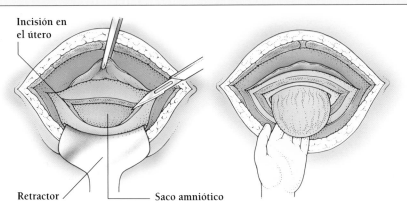

Incisión en el útero

Retractor

Saco amniótico

5 Se ajusta la posición del retractor para mantener separada la vejiga. El médico practica una incisión horizontal en la parte inferior del útero hasta las membranas del saco amniótico que cubren al niño.

6 El médico rompe las membranas e introduce una mano debajo de la cabeza del niño que extrae del útero tirando suavemente de la cabeza hacia arriba.

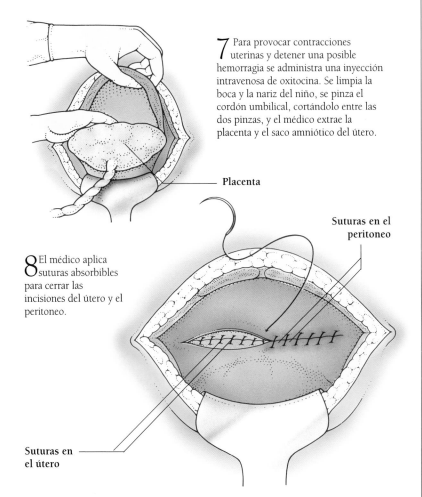

7 Para provocar contracciones uterinas y detener una posible hemorragia se administra una inyección intravenosa de oxitocina. Se limpia la boca y la nariz del niño, se pinza el cordón umbilical, cortándolo entre las dos pinzas, y el médico extrae la placenta y el saco amniótico del útero.

Placenta

Suturas en el peritoneo

8 El médico aplica suturas absorbibles para cerrar las incisiones del útero y el peritoneo.

Suturas en el útero

9 La incisión abdominal se cierra con pequeños clips metálicos (grapas) o suturas. Un esparadrapo cubre la incisión. Normalmente, el catéter y el gotero intravenoso se dejan hasta el día siguiente. En algunos casos, se administra un antibiótico a través del gotero para reducir el riesgo de infección.

10 Normalmente, la mujer puede volver a su casa a los 3 o 4 días.

PREGUNTE A SU MÉDICO
EFECTOS DE LA INTERVENCIÓN

P He oído que los fórceps pueden causar daños permanentes a la cabeza del niño. ¿Es cierto?

R Sólo en raras ocasiones se producen daños permanentes por el uso de fórceps. En algunos casos dejan una ligera señal temporal en la cara del niño, pero desaparece pronto. El médico valora cuidadosamente los riesgos del empleo de fórceps y, en caso de dudar de la seguridad de su uso, opta por una cesárea.

P Mi hermana necesitó una transfusión de sangre después de hacerle una cesárea. ¿Se trata de un procedimiento de rutina? ¿Qué ocurre después de un parto vaginal?

R En la mayoría de los casos, no es necesaria una transfusión de sangre después de la cesárea, y tampoco tras un parto vaginal. Las transfusiones de sangre sólo se realizan si la mujer ha sufrido una hemorragia excesiva, independientemente del tipo de alumbramiento, y cuando el médico cree que la cantidad de sangre perdida puede suponer un riesgo para su vida.

P Mi embarazo ya supera en una semana la fecha prevista para el parto y el médico dice que tendrá que inducírmelo si no se produce pronto de forma espontánea. Yo deseaba tener un parto natural. ¿Será esto posible si es necesario inducirlo?

R Sí. Es probable que al médico le preocupe la posibilidad de no poder tener un parto vaginal si el tamaño del niño aumenta mucho. La inducción no es más que una forma de estimular las contracciones cuando no se producen de forma natural. Este procedimiento no debería afectar al modo de alumbramiento pero las contracciones pueden ser fuertes incluso en las primeras fases del parto.

POSIBLES COMPLICACIONES DEL PARTO

EN OCASIONES SE PRESENTAN COMPLICACIONES durante el parto o después del nacimiento del niño. El médico está pendiente de los signos de advertencia. Después del alta hospitalaria la mujer debe estar alerta por si aparecen signos que requieran atención médica, de modo que cualquier posible complicación pueda diagnosticarse y tratarse inmediatamente.

Después del parto, la mujer debe informar al médico inmediatamente si presenta síntomas inusuales tales como hemorragias vaginales profusas o fiebre.

HEMORRAGIA VAGINAL

Después del nacimiento del niño es normal que se produzca hemorragia vaginal. Las contracciones de las paredes uterinas después del parto hacen que la placenta se separe de la pared uterina. Tras la expulsión de la placenta, estos músculos siguen contrayéndose. Como resultado de estas contracciones los vasos sanguíneos del útero que irrigaban a la placenta se cierran, con lo que la hemorragia vaginal se va reduciendo y suele cesar a las 5 o 6 semanas del parto. Si este proceso no sigue un curso normal, se puede producir una hemorragia excesiva.

Una hemorragia vaginal profusa durante las primeras 24 horas siguientes al parto, es un signo de complicaciones inusuales y puede ser amenazante para la vida si no se trata de modo apropiado. Ante cualquier señal de hemorragia vaginal anormal, se debe llamar al médico inmediatamente.

Causas de hemorragia excesiva

El desgarro de los tejidos vaginales o la rotura de la pared uterina pueden causar una hemorragia excesiva inmediatamente después del parto (véase LESIONES DE LOS TEJIDOS GENITALES, pág. 118). También se puede producir un exceso de hemorragia si la placenta o parte de ella permanece en el útero o si el útero no se contrae después de la expulsión de la placenta (véase CONTROL DE LA HEMORRAGIA, pág. 117). Una hemorragia vaginal profusa que comienza más de 24 horas después del parto, puede

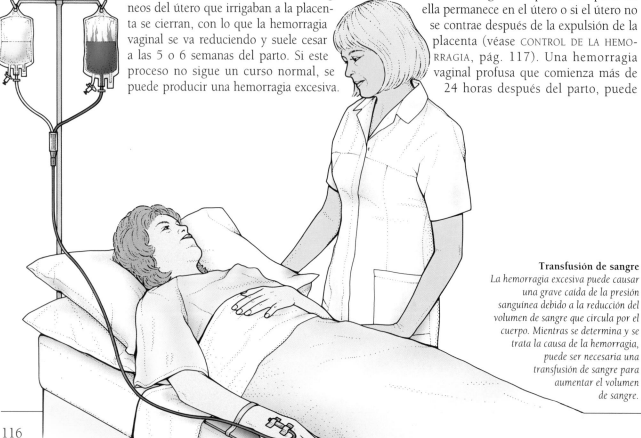

Transfusión de sangre
La hemorragia excesiva puede causar una grave caída de la presión sanguínea debido a la reducción del volumen de sangre que circula por el cuerpo. Mientras se determina y se trata la causa de la hemorragia, puede ser necesaria una transfusión de sangre para aumentar el volumen de sangre.

Masaje abdominal
Si las contracciones no son suficientemente fuertes para controlar la hemorragia, el médico puede intentar estimular los músculos uterinos con un masaje circular del abdomen de la mujer.

deberse a la permanencia de un fragmento de placenta en el útero o a una infección uterina (véase INFECCIONES, pág. 120).

Control de la hemorragia

En ocasiones, se produce una hemorragia excesiva cuando el útero no se contrae después de la expulsión de la placenta. Este trastorno puede ocurrir tras un parto prolongado, debido a que los músculos uterinos no pueden seguir contrayéndose, además del estiramiento excesivo del útero causado por el mayor volumen de líquido amniótico, el gran tamaño del niño, un parto múltiple o a varios embarazos previos.

Asimismo, la hemorragia vaginal es excesiva cuando la placenta está adherida a la parte inferior del útero. Las contracciones de esta parte inferior no son tan fuertes como las contracciones de la parte superior, y pueden ser inadecuadas para cerrar los vasos sanguíneos en el punto de adherencia a la placenta.

CÓMO SE PUEDE EXTRAER LA PLACENTA

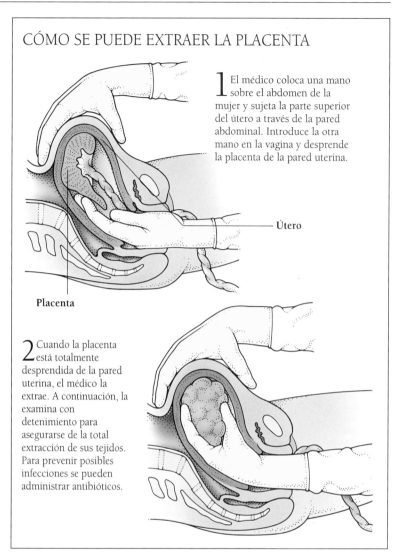

1 El médico coloca una mano sobre el abdomen de la mujer y sujeta la parte superior del útero a través de la pared abdominal. Introduce la otra mano en la vagina y desprende la placenta de la pared uterina.

Útero

Placenta

2 Cuando la placenta está totalmente desprendida de la pared uterina, el médico la extrae. A continuación, la examina con detenimiento para asegurarse de la total extracción de sus tejidos. Para prevenir posibles infecciones se pueden administrar antibióticos.

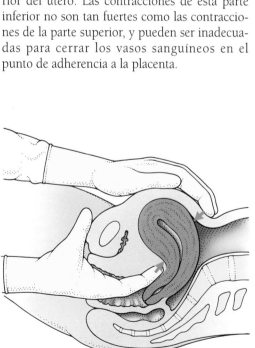

Compresión del útero para controlar la hemorragia
Hasta que la oxitocina administrada alcance el volumen suficiente para controlar la hemorragia, el médico puede comprimir al útero colocando una mano en el interior de la vagina y la otra sobre el abdomen.

Extracción de la placenta

Si las contracciones naturales de los músculos uterinos no son suficientemente fuertes, es posible que la placenta no sea expulsada o que una parte de la placenta permanezca adherida a la pared uterina.

Los fragmentos placentarios que permanecen en el útero pueden impedir las contracciones uterinas subsiguientes, necesarias para cerrar los vasos sanguíneos.

Para estimular las contracciones y facilitar la expulsión de la placenta se administrará oxitocina. Si este tratamiento fracasa, el médico administra un calmante y extrae él mismo la placenta (véase arriba).

La técnica descrita en las imágenes superiores se emplea también para extraer los fragmentos placentarios que puedan quedar en el útero tras el alumbramiento.

ÚTERO INVERTIDO

En raras ocasiones, el tirón del cordón umbilical que da el médico para extraer la placenta adherida a la pared uterina puede dar la vuelta al útero, tirar de la parte superior hacia abajo, a través de la vagina (útero invertido). El médico, en tal situación, administra anestesia general para volver a empujar el útero a la cavidad abdominal.

Desgarro de primer grado
El desgarro de primer grado afecta a los labios y la membrana mucosa de la vagina. Este tipo de desgarro suele cicatrizar por sí solo o requerir uno o dos puntos de sutura.

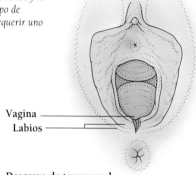

Vagina
Labios

Desgarro de segundo grado
El desgarro de segundo grado se prolonga a los músculos del perineo (entre la abertura vaginal y el ano). El médico inyecta un anestésico local y cierra la herida con puntos de sutura.

LESIONES DE LOS TEJIDOS GENITALES

Los tejidos más frecuentemente lesionados durante el parto son los situados entre la abertura de la vagina y el ano (perineo). El desgarro de los tejidos perineales afecta más a las mujeres que dan a luz su primer hijo, ya que estos tejidos no han sido distendidos en embarazos previos.

Los desgarros se clasifican de acuerdo con su gravedad (véase izquierda y abajo).

Desgarro de tercer grado
El desgarro de tercer grado se extiende hasta el esfínter anal (músculo que mantiene cerrado al ano). Este tipo de desgarro requiere una cuidadosa reparación con suturas para evitar el debilitamiento del esfínter.

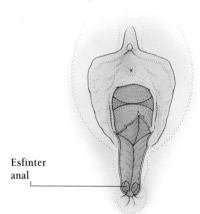

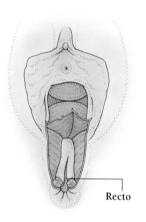

Desgarro de cuarto grado
El desgarro de cuarto grado se extiende desde la vagina hasta el recto. Los tejidos desgarrados se suturan cuidadosamente por capas sucesivas para reducir al máximo el riesgo de entrada de heces en la vagina y asegurar el control del paso de las heces. Normalmente, se administran medicamentos para reblandecer las heces hasta la total cicatrización del desgarro.

Músculos
del perineo

Esfínter
anal

Recto

¿ES NECESARIA LA EPISIOTOMÍA?

La episiotomía consiste en una incisión practicada en el perineo (tejido entre la abertura vaginal y el ano) que facilita la salida de la cabeza del niño. La episiotomía se hace en alrededor del 90% de los partos. En la actualidad existe controversia acerca de los riesgos, y beneficios, e incluso la necesidad de practicarla. Si le preocupa este problema consulte con el médico que le controla el embarazo.

Razones a favor de la episiotomía
♦ Previene el desgarro traumático del perineo.
♦ La incisión de episiotomía es más fácil de reparar que el desgarro.
♦ La episiotomía facilita el rápido nacimiento de los niños estresados.
♦ Se evitan posibles lesiones cerebrales debidas a la presión ejercida contra la cabeza del niño. Los niños prematuros son particularmente propensos a sufrir lesiones durante el parto.
♦ Se facilita el parto de los niños grandes o en presentación de nalgas.
♦ El uso de fórceps es más fácil y más seguro.

Razones en contra de la episiotomía
♦ El desgarro de los tejidos perineales no suele tener la longitud de la episiotomía.
♦ La episiotomía produce más hemorragia que el desgarro.
♦ La incisión de episiotomía puede cerrarse con suturas demasiado apretadas que causen molestias después de su cicatrización.
♦ El proceso de cicatrización puede resultar doloroso.
♦ Las relaciones sexuales pueden ser molestas durante más tiempo después de una episiotomía.

Hematomas

La hemorragia interna de un vaso sanguíneo puede causar una acumulación de sangre en los tejidos que rodean la vagina. Esta acumulación de sangre localizada se llama hematoma. Si es pequeño, se puede reabsorber por sí solo. Los hematomas grandes producen dolor intenso y en algunos casos es necesario recurrir a la cirugía para su drenaje.

Desgarro cervical

En raras ocasiones, el parto produce lesiones cervicales. Los tejidos del cuello uterino pueden desgarrarse en caso de parto muy rápido o debido al empleo de fórceps. El desgarro se sutura con puntos para prevenir complicaciones tales como incompetencia cervical (incapacidad del cuello uterino de permanecer cerrado durante la gestación) en futuros embarazos.

Reparación de un desgarro cervical
A menudo, los desgarros cervicales pueden ser reparados sin anestesia; en caso necesario, el médico inyectará un anestésico local en los tejidos cervicales (véase pág. 51). El médico sujeta el cuello uterino con fórceps, tira de él hacia la abertura vaginal y lo sutura.

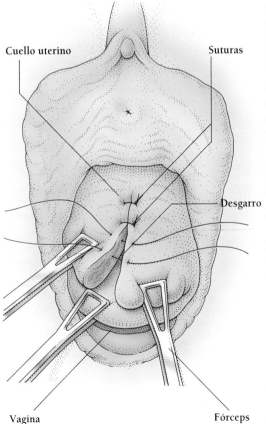

Cuello uterino — Suturas

Desgarro

Vagina — Fórceps

Rotura del útero
La rotura del útero es rara. Suele producirse por la rotura de la cicatriz de una cesárea anterior, especialmente si la incisión está en la parte superior del útero (véase pág. 112). La cicatriz de la incisión cesárea en la parte inferior del útero es poco probable que se rompa. En caso de rotura del útero, se practica inmediatamente una cesárea. Normalmente, el desgarro uterino puede repararse con suturas. En raras ocasiones es necesaria una histerectomía.

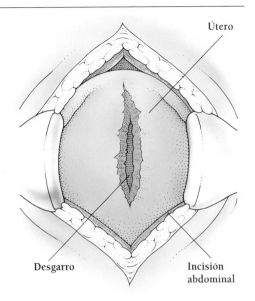

Útero

Desgarro — Incisión abdominal

COÁGULOS DE SANGRE

En las venas profundas de las piernas de las mujeres que acaban de tener un hijo se pueden formar coágulos de sangre (trombosis) debido a la circulación reducida en estas venas. La reducción de la circulación puede deberse a un menor nivel de actividad física o a la presión ejercida por el útero contra las venas que transportan sangre a las piernas. Un fragmento del coágulo formado en las piernas puede desprenderse y ser llevado por el torrente sanguíneo hasta los pulmones, produciendo el bloqueo de un vaso pulmonar. Este bloqueo se llama embolia pulmonar y puede poner la vida en peligro.

Los trombos pequeños se suelen disolver gradualmente por sí mismos; y para evitar la formación de otros trombos se puede administrar heparina inyectable.

Cuando el trombo es muy grande se pueden administrar fármacos para disolverlo, pero en algunos casos es necesario recurrir a la cirugía.

Prevención de la trombosis de venas profundas
Para prevenir la trombosis, la mujer debe levantarse y andar lo antes posible después del parto.

INFECCIONES

Las infecciones son raras cuando se trata de partos sin complicaciones. En muchas ocasiones, la mujer presenta una fiebre ligera durante los primeros días después del nacimiento de su hijo, pero normalmente la temperatura corporal vuelve a la normalidad espontáneamente. La presencia de fiebre en el tercer o cuarto día podría ser un signo de infección que posiblemente requerirá un tratamiento antibiótico. Los síntomas y signos varían según la localización de la infección (véase abajo).

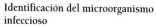
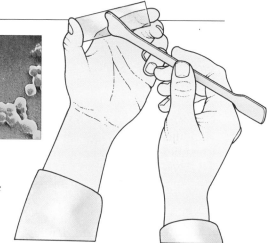

Identificación del microorganismo infeccioso
El médico obtendrá muestras celulares de la vagina y el cuello uterino para identificar la bacteria causal de la infección. Las bacterias de la figura son estreptococos (ampliación x 4.200).

Signos de infección
Es importante estar alerta a los posibles signos de infección. En caso de observar cualquiera de los signos que se enumeran a continuación, llame al médico inmediatamente.

Dolor en la parte inferior del abdomen: puede ser un signo de infección uterina, especialmente cuando el dolor persiste y se intensifica.

Micción dolorosa o difícil: puede indicar una infección del aparato urinario.

Secreciones vaginales malolientes: pueden indicar una infección del aparato genital.

Fiebre baja: puede ser el único signo de la infección. Algunas infecciones producen fiebre alta acompañada de escalofríos, dolores de cabeza y sensación de malestar general.

Dolor e hipersensibilidad localizados: pueden indicar una infección interna o externa de los tejidos desgarrados durante el parto.

Infección del aparato genital

Las infecciones del aparato genital son causadas por bacterias procedentes del interior o del exterior del cuerpo. En raras ocasiones, las bacterias inofensivas que viven en el interior de la vagina pueden causar infecciones si las membranas mucosas vaginales han sido lesionadas durante el parto.

Tras el parto la infección es posible si un fragmento de tejidos placentarias permanece en el útero.

Si el médico sospecha una infección, obtendrá un frotis cervical y de la vagina para identificar el microorganismo infeccioso (véase arriba) e instaurará tratamiento inmediato con un antibiótico de amplio espectro (medicamento eficaz contra una amplia gama de bacterias). En cuanto se identifica el tipo de bacteria, se administra un antibiótico específico contra la infección.

En caso de que una exploración interna revele un útero hipertrófico y persistencia de la dilatación cervical, se realizará una ecografía para comprobar la presencia de tejidos placentarios.

Si se confirma el diagnóstico, el médico realizará un raspado (curetaje) del revestimiento uterino para eliminar los restos placentarios.

Infección del aparato urinario

La inserción de un catéter (tubo delgado) en la vejiga para drenar la orina durante el parto aumenta el riesgo de infección del aparato urinario.

Si el médico sospecha una infección del tracto urinario después del parto, ordenará un análisis de orina y la administración de antibióticos.

CASO CLÍNICO
HEMORRAGIA ANORMAL

CRISTINA ESTABA EN LA sala de partos dando a luz a su tercer hijo. El parto había sido relativamente corto y no se presentaron complicaciones importantes durante el alumbramiento de la criatura: una niña sana de casi 4 kilos de peso. Sin embargo, Cristina sufrió una fuerte hemorragia vaginal antes de la expulsión de la placenta. El tocólogo le practicó una exploración interna para determinar las causas de la hemorragia.

DATOS PERSONALES
Nombre: Cristina Murrieta Boada
Edad: 33 años
Ocupación: Contable
Familia: Cristina tiene dos hijos que disfrutan de buena salud.

HISTORIAL CLÍNICO
Cristina no ha tenido enfermedades importantes. Sus embarazos anteriores los llevó con normalidad y los partos y los períodos pospartos también fueron normales.

EXPLORACIÓN
En el curso de la exploración interna el médico no encuentra desgarros del cuello uterino ni de la vagina y comprueba que las contracciones del útero son regulares. La presión sanguínea y el ritmo cardiaco son normales. El análisis de sangre que le realizaron muestra de forma fehaciente que el nivel de hemoglobina (sustancia eritrocítica portadora de oxígeno) es también normal.

Se monitoriza del estado de Cristina, y transcurridos 20 minutos se produce la expulsión de la placenta. El tocólogo la examina detenidamente y observa que faltan fragmentos de tejido placentario. Puesto que la presión sanguínea, el pulso y los niveles de hemoglobina de Cristina siguen siendo normales, el médico decide esperar a ver si el útero sigue contrayéndose para expulsar los tejidos restantes de la placenta. Pero al poco tiempo, la expulsión cesa y la hemorragia vaginal continúa.

DIAGNÓSTICO
El tocólogo dice a Cristina que la causa de la hemorragia vaginal es la RETENCIÓN DE TEJIDO PLACENTARIO. Le explica que el útero vacío se contrae para cerrar los vasos sanguíneos de la pared uterina a la que estaba adherida la placenta. Si parte de la placenta sigue en el útero, éste no puede contraerse adecuadamente y la hemorragia continúa.

TRATAMIENTO
El médico dice a Cristina que tiene que extraerle el tejido placentario; después de administrarle un calmante, el tocólogo introduce su mano en el útero, desprende cuidadosamente los fragmentos de tejido placentario de la pared uterina y los extrae.

Durante los primeros minutos después de la extracción de los restos placentarios la hemorragia se agrava, pero luego el útero se contrae y el sangrado se detiene afortunadamente.

RESULTADO
Aunque el nivel de hemoglobina ha descendido en la sangre de Cristina, el médico decide que no es necesaria una transfusión. Explica que la reducción del nivel de hemoglobina no es grave y que el mecanismo productor de células sanguíneas de su cuerpo compensará inmediatamente la pérdida. Recomienda la administración de hierro, esencial para la formación de hemoglobina.

Aunque de momento se siente débil y cansada, Cristina está contenta de que su niña esté bien y de que su propia recuperación esté siendo muy rápida.

Al día siguiente, Cristina se siente mucho más fuerte. El médico al verla físicamente recuperada le da el alta para el día siguiente.

Un análisis de sangre realizado durante una visita al cabo de 6 semanas, revela que los niveles de hemoglobina han vuelto a la normalidad.

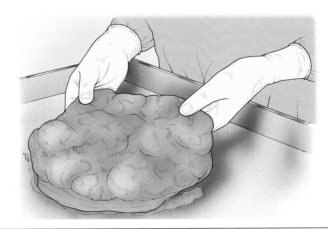

Examen de la placenta
Tras la expulsión de la placenta, sus tejidos son cuidadosamente examinados para asegurar su total expulsión del útero.

EL RECIÉN NACIDO

LOS PADRES ESPERAN con impaciencia el momento de poder abrazar al recién nacido. A menudo la imagen que se han formado del aspecto de su hijo tiene nada que ver con la realidad y no están preparados para contemplar al niño por primera vez. No hay que sorprenderse demasiado ni preocuparse si el niño no se parece, no se comporta o no reacciona como se esperaba.

Entre las muchas preguntas y preocupaciones de los nuevos padres se encuentra, el temor por la salud de su hijo. Pueden estar seguros de que se realizará una amplia gama de pruebas y mediciones para comprobar la salud del niño.

EL ASPECTO DEL RECIÉN NACIDO

Un recién nacido suele pesar entre 2,5 y 4,5 kilos. Poco después de su nacimiento, el niño pierde alrededor del 10% de su peso, que recobrará al cabo de unos 10 días. La estatura de los recién nacidos es de unos 50 centímetros.

La cabeza del niño

La cabeza del niño es grande en relación al resto de su cuerpo y puede parecer deforme. Su forma inusual se debe a la presión ejercida contra los huesos blandos del cráneo a su paso por el canal del parto. A las 2 semanas, la forma de la cabeza adquiere un aspecto más natural. El cráneo infantil presenta dos surcos blandos sobre las aberturas (fontanelas) entre los huesos craneales.

El niño puede tener la cabeza cubierta de pelo o estar totalmente calvo. Los hombros, la espalda, la frente y las sienes pueden estar cubiertos de un fino vello (lanugo); este vello se cae durante el primer mes de vida.

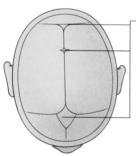

Las fontanelas son aberturas entre los huesos craneales que todavía no se han unido. Cuando el niño cumpla los 18 meses, estos huesos se habrán cerrado sobre los surcos blandos.

El color del pelo al nacer no es indicativo de su color definitivo; eventualmente, el pelo del recién nacido cae y es sustituido.

El color de los ojos suele ser azul grisáceo, aunque puede cambiar gradualmente en el curso de los próximos meses.

La respiración puede ser irregular: rápida, lenta, superficial o profunda. A menudo se produce hipo.

TEST DE APGAR

La Dra. Virginia Apgar, estadounidense, ideó un sistema de valoración del estado de los recién nacidos que se realiza durante los primeros minutos después del nacimiento. El test establece un coeficiente de valoración de cinco elementos, en una escala de 0 a 2, la puntuación global más alta no puede exceder de 10 puntos. El test de Apgar se realiza de 1 a 5 minutos después del nacimiento y ayuda al médico a determinar si el niño necesita atención especial inmediata. A veces, los niños que nacen tras un parto prolongado o difícil presentan puntuaciones bajas. El test de Apgar no está diseñado (ni puede) para medir el potencial ni el desarrollo del niño a largo plazo.

La mayoría de los niños evolucionan con normalidad, aunque hayan tenido una puntuación baja en el test de Apgar en su nacimiento.

SIGNO	PUNTUACIÓN		
	0	1	2
Ritmo cardiaco	Ausente	Menos de 100 latidos por minuto	Más de 100 latidos por minuto
Patrón de respiración y llanto	Ausente	Llanto débil, respiración irregular	Llanto fuerte, respiración regular
Color de la piel*	Azulado o pálido	Cuerpo rosado, extremidades azuladas	Todo rosado
Tono muscular	Flojo	Alguna flexión de brazos y piernas	Flexión activa de brazos y piernas
Reacciones reflejas (determinadas con la inserción de una varilla en la nariz)	Ninguna	Muecas	Llanto

* La coloración de la piel de los niños de otras razas, se valora mediante el examen del interior de la boca y los labios, los ojos, las palmas de las manos y las plantas de los pies.

ALOJAMIENTO COMÚN

Algunos hospitales ofrecen la opción de «alojamiento común» en la sección de maternidad. El alojamiento común permite que el niño pase la noche en la misma habitación que la madre (también puede quedarse el padre). Si la mujer se cansa demasiado, el niño puede ser trasladado a la sala de niños durante unas horas. Aunque el alojamiento común no es la solución adecuada en todos los casos, muchos padres primerizos creen que es un modo magnífico de conocer a su hijo. Si necesitan ayuda o tienen preguntas que plantear, el cuarto de enfermeras está en el pasillo.

El muñón del cordón umbilical se seca y se cae en unos 10 días. El enrojecimiento alrededor del cordón puede ser un signo de infección.

La descamación de la piel, particularmente de los pies y las manos, es común durante la primera semana.

Examen del recién nacido
Inmediatamente después del nacimiento, el médico o la enfermera valorarán el estado del bebé de acuerdo con la puntuación del test de Apgar (véase arriba). También examinan si hay alguna anomalía evidente. Si el aspecto del niño es sano, realiza un examen físico completo a las 24 horas. Si hay alguna razón para temer complicaciones, se llama a un pediatra para que examine inmediatamente al niño.

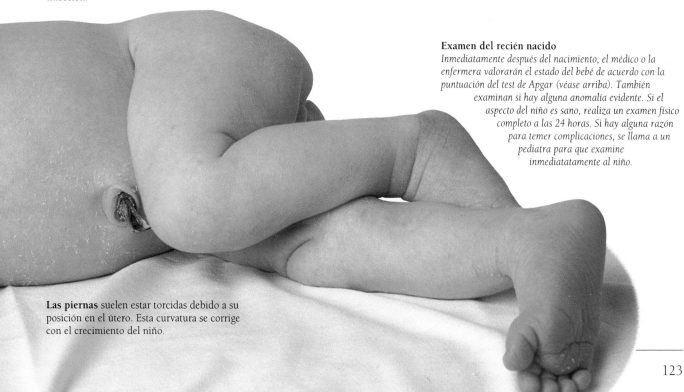

Las piernas suelen estar torcidas debido a su posición en el útero. Esta curvatura se corrige con el crecimiento del niño.

La ictericia es una coloración amarillenta de la piel y de los ojos. Esta coloración se debe a la acumulación en la sangre de un pigmento pardo amarillento: bilirrubina. Normalmente, la bilirrubina (producto de la descomposición de los eritrocitos) es absorbida por el hígado y excretada en un líquido llamado bilis, producido en el hígado. La ictericia puede aparecer porque el hígado del niño todavía no puede eliminar la bilirrubina. Es normal que los recién nacidos presenten una forma leve de ictericia, que suele aparecer al tercero o cuarto día de su nacimiento y desaparece al cabo de unos días. La ictericia producida durante las primeras 24 horas o en los prematuros puede ser más grave y requerir tratamiento médico.

Piel

En el momento del nacimiento, el cuerpo del niño (excepto la boca y los ojos) suele estar cubierto de una sustancia blanca y cremosa que protegía su piel mientras estaba en el útero.

Este recubrimiento desaparece a los pocos días pero normalmente se desprende durante el primer baño del niño.

El color de la piel del recién nacido varía, durante el primer mes, es frecuente la aparición de erupciones y manchas. Pequeñas marcas blanquecinas (las «manchas de leche») pueden aparecer en la cara, sobre todo alrededor de la nariz. Estas manchas desaparecen al cabo de pocas semanas.

Durante la primera semana se produce con frecuencia una erupción rojiza y desigual que suele desaparecer en 48 horas. Manchas de color púrpura (las «marcas de la cigüeña») suelen aparecer en la nuca o en los párpados superiores, que van desapareciendo gradualmente a lo largo del primer año. Los niños asiáticos y de tez oscura presentan áreas de decoloración azu-lada en la parte inferior de la espalda o en las nalgas («manchas mongolas») que también desaparecen con el tiempo.

Vagina y mamas

La mayoría de las niñas presentan un flujo de moco vaginal, en ocasiones teñido de sangre.

Las mamas de los niños de ambos sexos pueden inflamarse y secretar una pequeña cantidad de líquido. Estas secreciones se deben a ciertas hormonas que pasan de la madre al niño por vía placentaria y cesan al cabo de una semana del nacimiento.

COMPORTAMIENTO Y REACCIONES

Los recién nacidos generalmente suelen dormir entre 15 y 20 horas diarias. Durante las pocas horas de vigilia, el recién nacido presenta reacciones y pautas de desarrollo bastante sorprendentes.

Reflejos primitivos

Los reflejos primitivos consisten en los movimientos automáticos del niño en respuesta a ciertos estímulos. Estos reflejos desaparecen al cabo de pocos meses, a medida que el niño aprende a controlar sus movimientos. Los reflejos primitivos incluyen el reflejo de prensión (asimiento de cualquier objeto que roza la palma de su mano) y el reflejo de deambulación (amago de andar, desencadenado cuando se sostiene al niño de pie, con la planta de un pie sobre una superficie firme).

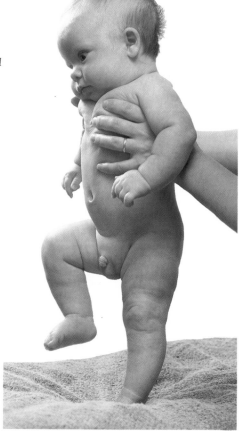

Llanto

La mayoría de los niños llora casi inmediatamente después de nacer; el propio hecho de nacer desencadena el llanto para facilitar de esta manera y prontamente la función pulmonar del niño.

El llanto es el único modo que tiene el niño de comunicar sus sensaciones de hambre, sed, dolor, frío, molestia y soledad. Rara vez aparecen lágrimas antes de la tercera o cuarta semana de vida.

Movimiento ocular

Los recién nacidos pueden distinguir la luz de la oscuridad, pero no pueden concentrarse en los detalles. Sus movimientos oculares suelen ser erráticos y el niño bizquea en ciertas oportunidades debido a la deficiente coordinación muscular durante las primeras semanas de su vida.

Los recién nacidos dirigen la vista hacia los sonidos y parecen preferir la voz humana, particularmente aquellas voces agudas, a los demás sonidos.

Movimiento corporal

Normalmente, los recién nacidos mantienen las piernas y los brazos flexionados. También son normales los movimientos de sacudida o giratorios de sus brazos y sus piernas, el sistema nervioso del niño (que controla su motilidad) sigue madurando.

Durante las primeras semanas de vida, los niños muestran pautas de motilidad involuntaria, son los denominados reflejos primitivos (véase pág. 124) en respuesta a ciertos estímulos.

Nutrición y excreción

La mayoría de los niños pueden succionar y deglutir casi tan pronto nacen. El solo roce de un objeto contra su mejilla o sus labios le hará volver la cabeza y empezar a succionar. Se trata del llamado reflejo de succión, un reflejo muy importante para el niño.

Ya en las primeras 24 horas de vida, los niños orinan y defecan. Las primeras heces consisten en una sustancia color marrón oscuro o verde llamada meconio, formada por el líquido amniótico deglutido y el moco del sistema gastrointestinal.

El color y la consistencia de las heces cambia cuando el niño empieza a comer, adquiriendo un color marrón verdoso claro al cabo de tres o cuatro días.

CIRCUNCISIÓN

La circuncisión consiste en la extirpación de la piel (prepucio) que cubre el glande (cabeza) del pene. Es una intervención generalmente segura si se practica en condiciones asépticas y por un médico experimentado. Rara vez se producen complicaciones, que pueden incluir hemorragias e infecciones. Consulte al médico acerca de las posibles ventajas e inconvenientes de la circuncisión, tanto bajo anestesia como sin ella.

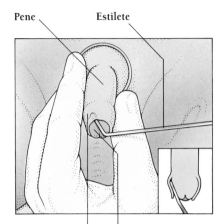

Pene — Estilete

Prepucio — Glande peneano

1 Utilizando un estilete romo, se separa suavemente el prepucio del glande peneano

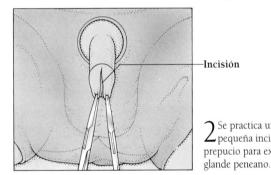

Incisión

2 Se practica una pequeña incisión en el prepucio para exponer el glande peneano.

Prepucio

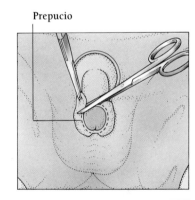

3 Se retira el prepucio y se corta una porción con unas tijeras o un bisturí. Para proteger el glande y prevenir la hemorragia al cortar la porción de prepucio, se pueden emplear unas pinzas especialmente diseñadas.

CIRCUNCISIÓN ¿SÍ O NO?

La investigación ha demostrado que la circuncisión reduce las posibilidades de infección urinaria y de inflamación del glande (balanitis). Asimismo, es posible que los hombres circuncidados presenten menor riesgo de cáncer del pene. Parece que las compañeras sexuales de los hombres que se han realizado la circuncisión presentan una menor incidencia de cáncer cervical aunque las razones no se conocen bien.

EL PERÍODO POSPARTO

LAS 6 SEMANAS SIGUIENTES al nacimiento del niño se llaman puerperio. Durante este lapso de tiempo, el cuerpo de la mujer vuelve gradualmente al aspecto y las funciones propias que tenía antes del embarazo. Aunque naturalmente experimenta algunas molestias menores, una dieta razonable, mucho reposo y una vuelta paulatina a la normalidad, hacen que la transición sea suave y sana.

Mientras está todavía en el hospital, el médico controla el estado de la madre para asegurar que la recuperación es normal. Le controla la temperatura, el pulso y la presión sanguínea, se mide el nivel de hemoglobina en sangre (véase pág. 55), se observa la frecuencia de evacuación de heces y orina, las contracciones del útero y el color de las secreciones vaginales. La mayoría de las mujeres abandonan el hospital 2 días después del parto (4 días si se ha practicado una cesárea).

CAMBIOS FÍSICOS

Durante el embarazo, el cuerpo sufre cambios impresionantes. Aunque necesita tiempo para volver a la normalidad, los mayores cambios se producen durante las 6 primeras semanas después del parto. La mujer se siente más fuerte y mejor cada día, pero es importante que descanse y aumente poco a poco el nivel de actividad.

LA PRIMERA SEMANA DESPUÉS DEL PARTO

A continuación, se enumeran algunas de las posibles molestias durante la primera semana después del parto. Habitualmente, forman parte normal de los procesos de cambio y recuperación del cuerpo. Si le preocupan los síntomas y signos que se observe tras el parto, no dude en hablar con su médico.

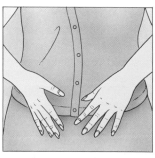

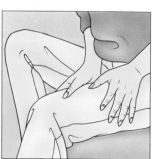

◆ Cansancio

◆ Dolor abdominal (entuertos) debido a las contracciones del útero y su descenso de la parte superior del abdomen a la pelvis

◆ Dolor o molestias perineales (en el tejido situado entre la abertura vaginal y el ano), especialmente en caso de episiotomía

◆ Molestias al sentarse o al andar, o sensación generalizada de rigidez muscular

◆ Secreciones vaginales sanguinolentas

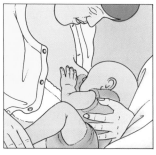

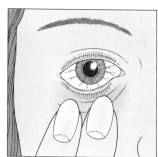

◆ Molestias al orinar o defecar

◆ Orina excesiva debido a la eliminación de los líquidos acumulados durante el embarazo

◆ Estreñimiento

◆ Molestias e hinchazón en las mamas; irritación de los pezones en caso de lactancia materna

◆ Equimosis alrededor de los ojos o en las mejillas, y ojos irritados a causa del esfuerzo por empujar durante el parto

Cambios del útero después del parto

De 2 a 3 días después del parto, el tamaño del útero empieza a disminuir, y al final de la primera semana ha perdido casi la mitad de su volumen. Normalmente, al cabo de 6 semanas el tamaño del útero es similar al anterior al embarazo.

— **Tamaño del útero antes del embarazo**

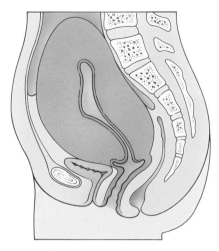

Útero inmediatamente después del parto

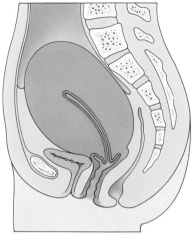

Útero 1 semana después del parto

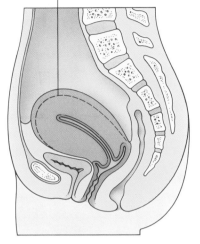

Útero 6 semanas después del parto

Cuello uterino

El cuello uterino sigue dilatado (abierto) durante 7 a 10 días después del parto. Tarda en cerrarse unas 6 semanas, pero su aspecto es distinto al que tenía antes del embarazo.

Cuello uterino de una mujer que no ha tenido hijos

Cuello uterino de una mujer que ha tenido un hijo

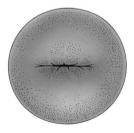

Útero

La liberación de hormonas después del parto provoca contracciones uterinas que vuelven el órgano a su tamaño normal (véase arriba). Estas contracciones pueden producir calambres abdominales (entuertos).

Los entuertos pueden ser intensos, pero en general remiten en 2 o 3 días.

Vagina

Las hemorragias vaginales (loquios) son normales después del parto. Al principio, la secreción es de color rojo, tornándose rosada al cabo de una semana, y finalmente amarillenta o parda.

El volumen de las secreciones disminuye gradualmente y cesa al cabo de 3 a 6 semanas. Si el color vuelve a ser rojo o el volumen aumenta de nuevo, es posible que la mujer esté realizando un esfuerzo excesivo. Debe relajarse y llamar al médico.

Las secreciones malolientes o acompañadas de fiebre pueden indicar una infección; hay que avisar al médico inmediatamente.

El reajuste del ciclo menstrual tras el parto varía. Si la mujer no amamanta a su hijo, el período menstrual suele reiniciarse entre 7 y 9 semanas después de dar a luz. Si la mujer da el pecho, el nivel de las hormonas que mantienen la producción de leche retrasan la primera menstruación hasta después que cese la lactancia.

Vejiga e intestinos

Las dificultades miccionales durante las primeras horas después del parto pueden deberse a la presión del útero contra la vejiga, a la anestesia recibida durante el parto o a las molestias producidas por las suturas de la episiotomía. A veces es necesaria una sonda (tubo delgado) para drenar la orina.

Durante los primeros días después del parto es probable que la micción sea más frecuente de lo habitual, puesto que el cuerpo está eliminando el exceso de líquidos.

Si después de la vuelta a casa la mujer observa los siguientes signos: imposibilidad de orinar, escozor al orinar u orinación turbia, teñida de sangre o maloliente, debe llamar al médico inmediatamente.

La función intestinal podría reanudarse entre 3 y 5 días después del parto.

Aunque el estreñimiento puede deberse a factores físicos (la reducida actividad física, por ejemplo, y la mayor eliminación de líquidos), también suele jugar un papel el temor al dolor o el miedo de romper las suturas de episiotomía.

Para aliviar el estreñimiento y las molestias que acarrea el primer movimiento intestinal, se recomiendan alimentos ricos en fibras, beber de 6 a 8 vasos de líquido al día y actividad física moderada, levantándose y andando un poco tan pronto y tan a menudo como sea posible.

LACTANCIA NATURAL

La lactancia natural tiene ventajas tanto para la mujer como para el niño. Produce un aumento de la liberación de hormonas, lo que facilita las contracciones del útero y acelera su vuelta al tamaño normal; la leche materna facilita la digestión del niño. La leche materna proporciona todos los nutrientes necesarios durante los primeros meses de vida del niño y contiene sustancias que le protegen de las infecciones y las enfermedades. La lactancia frecuente y durante cortos períodos durante los primeros días ayuda a establecer el flujo de leche. Una vez establecido, es importante dar de mamar al niño con regularidad para evitar la acumulación de leche en las mamas, lo que produce dolor, hinchazón y endurecimiento.

POSTURA PARA AMAMANTAR AL NIÑO

Se pueden probar las posturas que se muestran a continuación, hasta que se encuentre la mejor para la madre y el niño.

Bajo el brazo
Siéntese en una silla cómoda, con almohadas bajo el brazo del lado por el que amamanta al niño. Sostenga al niño con este brazo, sujetándole la cabeza y el cuello con la mano. El cuerpo y las piernas del niño pasan bajo su brazo.

Posición de cuna
Siéntese en una silla cómoda. Sostenga al niño con un brazo, con la cabeza apoyada en la curva del codo. Puede poner una almohada para apoyar el brazo y elevar la cabeza del niño hasta el pecho.

CUANDO SE DESCARTA LA LACTANCIA NATURAL

La lactancia natural no es adecuada para todas las mujeres. La decisión depende de sus sentimientos y deseos, así como de su forma de vida. Si opta por la lactancia artificial, puede estar segura que tanto las necesidades emocionales y físicas del bebé como las suyas propias serán satisfechas.

Reclinada
Échese de lado, con una almohada bajo la cabeza. Ponga al niño también de lado, frente a usted. Una mantita enrollada detrás de la espalda del niño impedirá que se caiga hacia atrás.

TRASTORNOS DE LA LACTANCIA

Para aliviar la irritación de los pezones durante las primeras semanas, cambie la postura con frecuencia, amamante al niño a intervalos cortos para que no se sienta hambriento y succione con fuerza y asegúrese de que entre todo el pezón en la boca del niño. Si se le hinchan, se le endurecen o se le irritan las mamas puede sacarse la leche y dársela al niño con un biberón hasta que se alivie la irritación de los pezones. Para evitar que la piel se agriete, evite los jabones fuertes y procure mantener los pezones secos entre las tetadas. La aparición de un halo hipersensible y enrojecido, puede indicar el bloqueo de un conducto galactóforo. Normalmente, el trastorno se alivia haciendo masaje en la mama en dirección al pezón y continuando con la lactancia. En caso de formarse grietas grandes en la piel o retroceso de la leche en un conducto bloqueado se pueden producir infecciones. Si detecta un punto irritado de mayor temperatura (y, posiblemente, fiebre), llame al médico inmediatamente.

CÓMO EXPRIMIR LA LECHE

1 Coloque los dedos y el pulgar detras de la areola y apriete empujando hacia dentro, en dirección contraria al pezón.

2 Después apriete hacia el pezón. Dé un cuarto de vuelta con la mano y repita el procedimiento. Continúe hasta haber dado la vuelta completa alrededor de la mama.

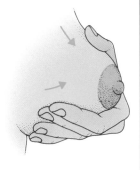

CÓMO ESTIMULAR AL NIÑO

Si toca la mejilla del niño, un reflejo instintivo le hará volver la cabeza en la dirección del contacto. Este reflejo se puede utilizar para que el niño empiece a mamar. Tóquele la mejilla y rócele la boca con el pezón. Repítalo varias veces. Finalmente, el niño cogerá el pezón con la boca y succionará. Asegúrese de que la mama no tapa la nariz del niño, lo que le impediría respirar.

Glándulas mamarias
Conductos galactóforos

La lactancia natural estimula la producción de leche
Cuando el niño succiona el pezón, la leche fluye de las glándulas mamarias, situadas en la parte posterior de la mama hacia pequeñas bolsas bajo la areola (área oscura en torno al pezón), a llamados conductos galactóforos. La presión de la boca del niño contra la areola, hace que salga la leche de los conductos galactóforos a través del pezón. Dando de mamar de una mama distinta en cada tetada, se asegura la misma estimulación de ambas mamas para producir leche.

VINCULACIÓN AFECTIVA

El contacto visual, los abrazos, las caricias y las palabras cariñosas tranquilizan al niño. Esta comunicación establece, también, las bases de una profunda vinculación afectiva entre la madre y el niño y crea sentimientos de lazos emocionales en la familia.

DEPRESIÓN PUERPERAL

Aproximadamente el 50% de las madres experimentan la depresión puerperal. Algunos de los síntomas más habituales son cambios de humor, irritabilidad y sensación de soledad, tristeza y ansiedad. La depresión puerperal suele aparecer durante la primera semana después del parto y sólo dura unos días.

La depresión puerperal parece deberse a diversos factores físicos y psíquicos - fatiga, alteración de los niveles hormonales, cambios de forma de vida y de expectativas personales. Después del parto, el nivel de hormonas desciende espectacularmente y parece que esto puede desencadenar la depresión en algunas mujeres. Algunos de los factores psíquicos que se consideran responsables de la depresión puerperal, incluyen sensación de anticlímax, temor y falta de adaptación; sentirse abrumada por las nuevas responsabilidades; adaptación a un estado que ya no constituye el centro de la atención; y descontento por su aspecto personal, particularmente por el aumento de peso.

Del mismo modo que no existen causas específicas para la depresión puerperal, tampoco existe otra «cura» que no sea el paso del tiempo. La mujer se sentirá mejor si aprovecha las horas de sueño del niño para pasar más tiempo con su esposo, si cuida más su aspecto, hace ejercicio o, simplemente, sale más de casa.

En la mayoría de los casos, la depresión puerperal no requiere tratamiento. Algunas mujeres se sienten mejor si pueden hablar de sus sentimientos, mientras que otras prefieren silenciarlos. Rara vez la depresión es profunda (menos de 1 de cada 1.000 mujeres). Pero si la depresión dura más de 2 semanas y se acompaña de insomnio, pérdida de apetito o sensación de impotencia y desesperación, hay que consultar al médico.

Cuídese
No dude en pedir ayuda: no puede hacerse cargo de todo. Resérvese algún tiempo para relajarse y divertirse: cómprese un libro nuevo, tómese un baño prolongado y plácido o ponga en marcha un nuevo y divertido proyecto.

MORTINATO

Se llaman mortinatos los fetos nacidos muertos una vez cumplida la 28ª semana del embarazo. Durante los últimos años, la tasa de mortinatalidad ha descendido espectacularmente de 19 mortinatos por cada 1.000 niños nacidos en 1950 a 8 de cada 1.000 en 1985.

CAUSAS DE MORTINATALIDAD

En el 30% de los casos, aproximadamente, se desconocen las causas de la mortinatalidad. Algunos de los posibles factores incluyen:

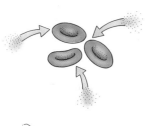

◆ Incompatibilidad Rh (que destruye los eritrocitos fetales, véase pág. 79), infecciones graves, diabetes no controlada, hipertensión materna o enfermedad inmunológica fetal (en la que el sistema inmunológico del feto ataca a los tejidos de su propio cuerpo).

◆ Falta de oxígeno para el feto a causa del desprendimiento de la placenta de la pared uterina; incapacidad de la placenta para proporcionar suficiente oxígeno y sustancias nutritivas al feto; prolapso del cordón umbilical (véase pág. 105); o un nudo en el cordón umbilical.

◆ Anomalías cromosómicas o malformaciones graves del feto.

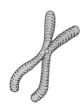

DIAGNÓSTICO Y PARTO

Normalmente, la muerte del feto se diagnostica por medio de monitores electrónicos que detectan el pulso fetal, o por medio de una ecografía. En caso de muerte del feto durante el embarazo, el parto puede iniciarse poco después de forma espontánea; si no es así, el médico inducirá el parto administrando de oxitocina (véase pág. 107).

DESPUÉS DEL PARTO

Algunos padres piden unos momentos de intimidad a solas con el niño. Con frecuencia, se practica una autopsia para determinar la causa de la muerte.

Apoyo y consejo
El sentimiento de pérdida y aflicción después del alumbramiento de un mortinato puede ser devastador. A menudo, los padres experimentan sentimientos de depresión, culpabilidad, enojo e insuficiencia. El apoyo emocional de los amigos y los parientes puede ayudarles a hacer frente a su pena. También pueden ayudar un consejero profesional o un grupo de autoayuda.

PREGUNTE A SU MÉDICO
CUIDADOS PUERPERALES

P **¿Es verdad que todo lo que como y bebo pasa al niño a través de la leche?**

R Sí. Los alimentos y las bebidas que tome durante la lactancia, pueden afectar al sabor de la leche. Además, algunos niños sufren molestias gástricas causadas por alimentos tales como las cebollas, las coles o los ajos, por lo que debería evitarlos. Asimismo, debe evitar el alcohol, el exceso de cafeína y los medicamentos (salvo si se los receta el médico), ya que también pasan a la leche.

P **¿Es cierto que suelen aparecer hemorroides durante el embarazo? ¿Por qué ocurre y cómo se puede tratar?**

R Durante el embarazo pueden aparecer hemorroides (venas inflamadas en el ano y a su alrededor). A menudo se deben a la presión ejercida por el útero, y normalmente desaparecen durante el mes siguiente al embarazo. Las molestias se pueden aliviar tomando baños calientes, bebiendo entre 6 y 8 vasos de líquido al día y tomando alimentos ricos en fibra. Hable con el médico antes de emplear pomadas o supositorios.

P **Hace 4 semanas tuve un niño. ¿Cuánto tiempo debo esperar antes de tener relaciones sexuales?**

R La mayoría de los médicos aconsejan que las parejas eviten las relaciones sexuales hasta después de la la primera visita de control después del parto (normalmente, a las 6 semanas). En caso de no haber tenido la menstruación antes de mantener relaciones sexuales, adopte alguna forma de anticoncepción ya que se puede producir un embarazo aun cuando no se haya reanudado el ciclo menstrual.

CAPÍTULO CINCO

ESTERILIDAD

INTRODUCCIÓN

CAUSAS DE LA ESTERILIDAD

ANÁLISIS Y TRATAMIENTO

EN LOS ÚLTIMOS AÑOS, el número de parejas estériles ha aumentado en un 30%. Varios factores sociales se consideran responsables de este aumento: es mayor el número de mujeres en edad de procreación, las parejas se casan a edades más avanzadas y las mujeres retrasan el embarazo hasta mediados los 30 años. Asimismo, hay más conciencia de los problemas de esterilidad, que afectan a una de cada siete parejas; alrededor del 15% de los adultos. Los índices de esterilidad femenina son similares a los de la masculina. La esterilidad puede deberse a factores externos (estrés, forma de vida o riesgos ambientales) o trastornos internos tales como anomalías de los niveles hormonales o de la estructura del sistema reproductor. A veces se requiere una valoración exhaustiva, exámenes, análisis y tratamiento. Aproximadamente en el 90% de los casos es posible determinar la causa de la esterilidad. Los continuos progresos en la comprensión del proceso reproductor y de las causas de la esterilidad, los avances de la tecnología médica y el desarrollo de medicamentos cada vez más sofisticados, ha hecho posible una serie de tratamientos contra la esterilidad. El mejor conocimiento de la acción de las hormonas ha permitido que los médicos controlen y estimulen la ovulación. El primer medicamento que tuvo éxito en la fecundación fue el clomifeno, que induce la liberación de óvulos por los ovarios. Aquel importante logro fue seguido del empleo de la hormona foliculoestimulante (FSH), cuyo efecto estimulante es superior al del clomifeno. La cirugía laparoscópica y la

ecografía han contribuido asimismo al perfeccionamiento del diagnóstico y tratamiento de la esterilidad. Estas técnicas allanaron el camino para la fecundación in vitro (fecundación del óvulo en condiciones de laboratorio). La fecundación in vitro y las técnicas de implantación del óvulo fecundado asociadas a ella han ayudado a miles de mujeres que no podían tener hijos. Los especialistas en fecundación pueden ofrecer asesoramiento, apoyo y tratamiento a muchas parejas. Las parejas que desean someterse a un tratamiento contra la esterilidad deben considerar cuánto están dispuestas a invertir emocional, física y económicamente. Aunque los tratamientos contra la esterilidad proporcionan nuevas esperanzas a las parejas sin hijos, los afectados deben recordar que, por cada mes de tratamiento, es más probable un fracaso que un éxito. Aunque entre el 35 y el 40% de las parejas estériles no pueden concebir, los continuos progresos en el tratamiento contra la esterilidad hacen que cada vez sean mayores las probablidades de conseguir un embarazo. En resumen aquí en este capítulo encontrará el lector interesado en todos estos temas que dicen relación con la reproducción toda la información que hasta el momento existe sobre la esterilidad masculina y femenina. Asimismo hallará aquí todos los adelantos e investigaciones que se han hecho para solucionar este problema: la esterilidad. Tendrá también cumplida información sobre todas las técnicas en uso en la actualidad para solucionar este problema, que aqueja a muchas parejas.

CAUSAS DE ESTERILIDAD

LAS PAREJAS QUE HAN MANTENIDO relaciones sexuales sin protección en el momento de la ovulación de cada ciclo menstrual durante al menos un año y no han conseguido un embarazo, es probable que tengan un problema de esterilidad. Las anomalías del aparato reproductor son una causa común de esterilidad en las mujeres. La causa de esterilidad que más afecta a los hombres es la incapacidad de producir suficiente cantidad de espermatozoides sanos.

Alrededor del 40% de los casos de esterilidad se debe a problemas femeninos y el 30% a problemas masculinos. En otro 30% de casos, ambos miembros de la pareja tienen un problema de esterilidad.

TIPOS DE TRASTORNOS

Las posibles causas de esterilidad son muchas. En la mujer, el trastorno puede ser la incapacidad de los ovarios para producir óvulos maduros o un bloqueo o una lesión de las trompas de Falopio. En el hombre, puede tratarse de espermatozoides defectuosos o de un trastorno del aparato reproductor (por ejemplo, bloqueo de los conductos que comunican los testículos, lugar de producción de los espermatozoides, con la uretra, a través de la cual son eyaculados).

La esterilidad puede deberse también a diversas anomalías, a disfunciones sexuales (como la impotencia que es la incapacidad de conseguir o mantener una erección) o a factores sociales y relacionados con el estilo de vida (consumo excesivo de tabaco o de alcohol, por ejemplo).

CAUSAS DE ESTERILIDAD FEMENINA

Trastornos relacionados con la liberación de óvulos

 La anovulación (ausencia de liberación de óvulos maduros de los ovarios) y la liberación irregular de óvulos, son las causas más frecuentes de esterilidad femenina. Se trata de trastornos secundarios a desequilibrios hormonales, que pueden ser causados por una excesiva pérdida de peso, obesidad o, en algunos casos, una enfermedad de ovarios poliquísticos (presencia de quistes en los ovarios).

Bloqueo o lesión de las trompas de Falopio

 Las trompas de Falopio pueden sufrir bloqueos o lesiones debido a una infección o como resultado de una intervención quirúrgica en los órganos pélvicos o a una enfermedad llamada endometriosis (véase abajo). Este bloqueo o lesión puede impedir que el espermatozoide llegue al óvulo o que el óvulo fecundado atraviese la trompa de Falopio para llegar al útero.

Anomalías uterinas

 En raras ocasiones, la causa de la esterilidad se debe a anomalías uterinas. Puede tratarse de un defecto de la formación del útero, de tejido cicatricial (tras una intervención quirúrgica o una infección) que bloqueen parcial o totalmente la cavidad uterina o de fibromas (tumores no cancerosos) que distorsionan la forma del útero.

Trastornos cervicales

 Un desequilibrio hormonal puede hacer el moco cervical impermeable a los espermatozoides. Los espermatozoides no pueden atravesar el cuello uterino para llegar a las trompas de Falopio y fecundar el óvulo.

Endometriosis

La endometriosis consiste en la adherencia y crecimiento en la superficie de los órganos abdominales de fragmentos hísticos desprendidos del revestimiento uterino (endometrio). Estos tejidos responden a las hormonas del mismo modo que el endometrio: sangran durante la menstruación. La hemorragia puede producir la formación de tejido cicatricial, que bloquea las trompas de Falopio y causa esterilidad.

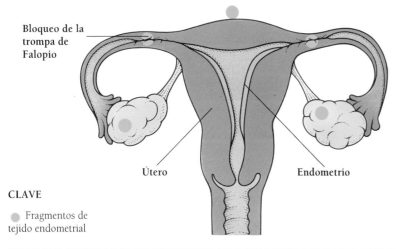

Bloqueo de la trompa de Falopio

Útero

Endometrio

CLAVE

● Fragmentos de tejido endometrial

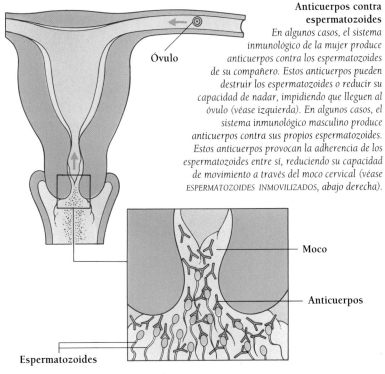

Óvulo

Anticuerpos contra espermatozoides
En algunos casos, el sistema inmunológico de la mujer produce anticuerpos contra los espermatozoides de su compañero. Estos anticuerpos pueden destruir los espermatozoides o reducir su capacidad de nadar, impidiendo que lleguen al óvulo (véase izquierda). En algunos casos, el sistema inmunológico masculino produce anticuerpos contra sus propios espermatozoides. Estos anticuerpos provocan la adherencia de los espermatozoides entre sí, reduciendo su capacidad de movimiento a través del moco cervical (véase ESPERMATOZOIDES INMOVILIZADOS, abajo derecha).

Moco

Anticuerpos

Espermatozoides

¿Esperanzas para las parejas estériles?
La esterilidad no significa necesariamente que las parejas afectadas deban abandonar su deseo de ser padres. El tratamiento medicamentoso, la inseminación artificial (véase pág. 140) y la fecundación in vitro (véase pág. 141) han ayudado a muchas parejas antes estériles a tener un niño.

CAUSAS DE LA ESTERILIDAD MASCULINA

Producción anormal de espermatozoides

 La causa más común de esterilidad masculina es la baja producción de espermatozoides (inferior a lo normal). También puede haber esterilidad si gran número de los espermatozoides son defectuosos. De los millones de espermatozoides que se producen en los testículos cada día, aproximadamente el 20% presentan defectos de algún tipo. Si la proporción de espermatozoides defectuosos es anormalmente alta, la posibilidad de conseguir la fecundación se reduce. Estos trastornos de la producción de espermatozoidess pueden deberse a anomalías hormonales, enfermedades, medicamentos, consumo de drogas o abuso de alcohol.

Bloqueo del paso de los espermatozoides

 Los espermatozoides deben atravesar estructuras tubulares –epidídimo y vasos deferente– para llegar al pene. El bloqueo de estas estructuras causado por una infección o su desarrollo inadecuado puede impedir el paso de los espermatozoides y producir esterilidad.

Trastornos de la eyaculación

 Las anomalías estructurales del conducto eyaculatorio (véase pág. 14) pueden reducir o impedir la eyaculación de espermatozoides. Las lesiones nerviosas, producidas a veces por una intervención quirúrgica de la próstata, pueden hacer que la eyaculación revierta a la vejiga. Algunos medicamentos o una lesión grave de la columna vertebral pueden afectar a las señales nerviosas que desencadenan la eyaculación.

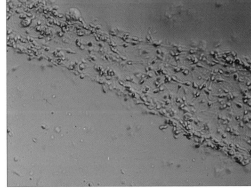

Espermatozoides inmovilizados
Tras una vasectomía, operación para esterilizar al varón que consiste en la sección y sutura de los vasos deferentes (conductos a través de los cuales pasan los espermatozoides producidos en los testículos), el sistema inmunológico masculino puede producir anticuerpos que causen la adherencia de los espermatozoides entre sí (figura superior, ampliación x 100). En caso de subsiguiente reversión de la operación, la reducción de la movilidad de los espermatozoides a causa de estos anticuerpos puede producir esterilidad.

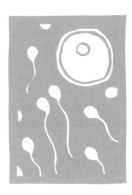

ANÁLISIS
Y TRATAMIENTO

L A MAYORÍA DE LOS MÉDICOS aconsejan que la pareja intente el embarazo durante al menos 1 año antes de buscar ayuda profesional contra la esterilidad. Ambos miembros de la pareja deben someterse a pruebas para determinar la causa del problema. Si es posible, el médico tratará la causa de la esterilidad. Si el tratamiento fracasa, puede recomendar procedimientos como la fecundación in vitro para lograr un embarazo.

A la hora de buscar ayuda profesional para combatir la esterilidad, se recomienda consultar en primer lugar al médico o al ginecólogo ya que en algunos casos la solución es muy sencilla: por ejemplo mantener relaciones sexuales en momentos distintos a los habituales. En caso de no poder identificar una causa evidente o si se requiere tratamiento especializado, el médico recomendará un especialista en esterilidad.

Normalmente, la evaluación de la esterilidad comienza con exámenes exhaustivos a ambos miembros de la pareja.

El especialista querrá conocer el historial médico, el tiempo durante el cual han intentado el embarazo, el uso previo de métodos anticonceptivos, los posibles embarazos anteriores y el tiempo y la frecuencia de las relaciones sexuales. A continuación recomendará una serie de análisis

PRUEBAS
DE ESTERILIDAD
FEMENINA

Las pruebas médicas de la mujer se centran en tres focos principales: liberación de óvulos por los ovarios (proceso llamado ovulación) y la regularidad o irregularidad mensual de la liberación, posibles anomalías del útero o las trompas de Falopio (véase pág. 137) y trastornos del moco cervical que puedan impedir la penetración de los espermatozoides. La anovulación es la causa más frecuente de esterilidad femenina.

El cuerpo femenino sufre varios cambios que indica la ovulación. Después de ésta, por ejemplo, la temperatura corporal sube ligeramente; el registro diario de la temperatura corporal de la mujer puede detectar este aumento (véase pág. 22).

Después de producida la ovulación, se producen también cambios en el revestimiento uterino (endometrio).

El aumento del riego sanguíneo en el útero y del tamaño de las glándulas que producen engrosamiento del endometrio. El médico puede detectar estos cambios con el examen microscópico de una muestra de tejido del endometrio. También se puede emplear una ecografía (véase pág. 58) para detectar los cambios del tamaño de un folículo (que contiene el óvulo). A medida que madura en el ovario, el folículo aumenta de tamaño; y vuelve a reducirse tras la ovulación.

Moco cervical «extensible»

Cristalización en hoja de helecho

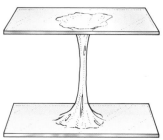

Examen del moco cervical
Inmediatamente antes de la ovulación, el cuello uterino se hace más «extensible». Para detectar este cambio en el moco, se coloca una muestra entre dos placas de vidrio que, a continuación, se separan cuidadosamente para comprobar el índice de «extensibilidad» del moco (véase arriba izquierda). El moco cervical secretado normalmente antes de la ovulación presenta un patrón característico en hoja de helecho cuando se seca en la placa de vidrio (véase arriba derecha).

Asimismo, sirve de indicador de la ovulación la determinación de los niveles hormonales en sangre u orina durante cierto período de tiempo.

El nivel de hormona luteinizante (LH) y de hormona foliculoestimulante (FSH) aumenta en la sangre y la orina antes de la ovulación; después de la ovulación aumenta el nivel de progesterona en sangre.

El médico puede recomendarle usar un medidor de ovulación (que se puede adquirir en la mayoría de las farmacias) para poder determinar cuando se produce la ovulación. Estos medidores detectan niveles elevados de hormona luteinizante en una muestra de orina.

Los cambios en el moco cervical pueden impedir la entrada del espermatozoide en el útero. En el momento calculado de la ovulación, el médico puede obtener una muestra de moco cervical pocas horas después del coito. La muestra se examina al microscopio para investigar el número y movilidad de los espermatozoides.

PRUEBAS DE ESTERILIDAD MASCULINA

Para determinar la causa de la esterilidad masculina, el médico analiza una muestra de semen. Mide el volumen de semen y el número de espermatozoides contenidos en una cantidad específica, y se valora la forma y movilidad del espermatozoide.

El médico comprueba también si hay signos de infección.

Si no se producen espermatozoides o su número es anormalmente bajo, la medición de los niveles hormonales en sangre puede contribuir en la identificación de la causa del trastorno.

Los niveles elevados de hormona foliculoestimulante (FSH) en sangre, por ejemplo, indican una anomalía de los testículos. Los niveles normales de FSH sugieren que los testículos producen espermatozoides pero que los conductos de salida de los testículos están bloqueados.

La biopsia (extracción de tejido para su posterior examen al microscopio) de los testículos puede confirmar el diagnóstico.

En algunos casos, la ausencia de espermatozoides o su recuento anormalmente bajo se debe a una anomalía cromosómica. Este tipo de

EXAMEN DEL ÚTERO Y DE LAS TROMPAS DE FALOPIO

Para la detección de anomalías del útero y/o las trompas de Falopio, se usan a menudo dos técnicas: la histerosalpingografía y laparoscopia (véase abajo).

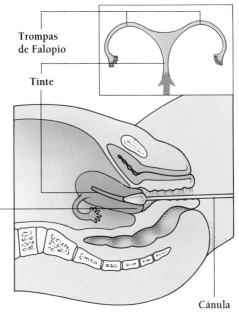

Histerosalpingografía
La histerosalpingografía consiste en la introducción en el cuello uterino y en el útero de un tinte opaco a los rayos X, a través de una cánula (tubo hueco). A continuación se toma una radiografía para seguir el progreso del tinte por las trompas de Falopio.

Trompas de Falopio

Tinte

Cuello uterino

Cánula

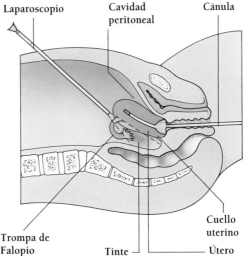

Laparoscopio

Cavidad peritoneal

Cánula

Trompa de Falopio

Tinte

Cuello uterino

Útero

Laparoscopia
El médico introduce un visor, llamado laparoscopio, en la cavidad peritoneal (que contiene el útero) a través de una pequeña incisión practicada en el abdomen. Por medio de una cánula se inyecta un tinte en el cuello uterino y en el útero. El médico observa a través del laparoscopio para comprobar la salida del tinte por los extremos de las trompas de Falopio.

anomalía puede detectarse analizando los cromosomas contenidos en los leucocitos extraídos de una muestra de sangre.

La muestra de sangre se analiza asimismo para la determinación de anticuerpos antiespermatozoides, una posible causa de los defectos del espermatozoide.

TRATAMIENTO DE LA ESTERILIDAD FEMENINA

El tratamiento de la anovulación (ausencia de liberación de óvulos por los ovarios) depende de la causa del trastorno. Si la causa de la anovulación es un exceso de ejercicio o una acusada pérdida de peso, la reducción del ejercicio y el aumento de peso a un nivel normal pueden facilitar en gran medida la vuelta de la ovulación.

Si estas medidas fracasan, el médico puede instaurar un tratamiento con medicamentos fertilizantes para estimular la ovulación (véase derecha).

La anovulación secundaria a una enfermedad grave puede tratarse también con medicamentos fertilizantes. Si la causa es la presencia de altos niveles de prolactina en sangre, se pueden administrar medicamentos tales como la bromocriptina para inhibir la producción de prolactina y de esta manera restaurar la ovulación.

Tratamiento quirúrgico

En muchos casos, el bloqueo o la lesión de las trompas de Falopio se trata quirúrgicamente.

Si el bloqueo o la estenosis afectan solamente a una sección de la trompa, se puede recurrir a

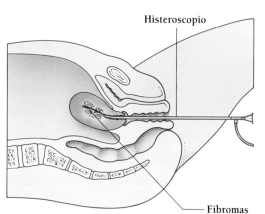

Tratamiento de los fibromas uterinos
En algunos casos, los fibromas (tumores no cancerosos) uterinos producen esterilidad, cuando son voluminosos, por ejemplo, o cuando están localizados de modo que impiden la implantación del óvulo fecundado. En algunos casos, los fibromas reciben tratamiento medicamentoso pero otras veces es necesaria una intervención quirúrgica. Si los fibromas protruyen en la cavidad uterina, se pueden extirpar quirúrgicamente con un instrumento llamado histeroscopio (véase arriba). La extirpación de fibromas localizados fuera del útero requiere cirugía abdominal.

MEDICAMENTOS FERTILIZANTES

Los medicamentos fertilizante son eficaces en la mayoría de las mujeres. Estos medicamentos pueden emplearse de dos maneras para estimular la ovulación (véase abajo). El tratamiento con fertilizantes debe monitorizarse cuidadosamente, ya que pueden, inducir la liberación simultánea de varios óvulos, que llevarían a embarazos múltiples (más de un feto). Los embarazos múltiples plantean mayor riesgo para la mujer y para los fetos.

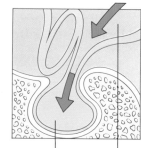

Hipotálamo

Glándula pituitaria

CLAVE

- ◼ Clomifeno
- ◼ GnRH
- ◻ FSH
- ◻ LH

Estimulación indirecta del ovario
El clomifeno estimula el área cerebral llamada hipotálamo, y se emplea para aumentar la producción de la hormona liberadora de gonadotropina (GnRH), que a su vez estimula la liberación de hormona foliculoestimulante (FSH) y hormona luteinizante (LH) por la glándula pituitaria. La FSH y la LH estimulan a los ovarios.

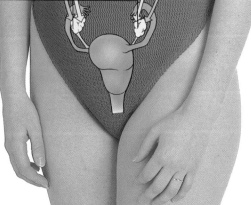

Ovarios

Estimulación directa de los ovarios
Los ovarios pueden estimularse directamente con la administración de GnRH, FSH y LH.

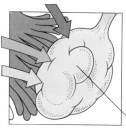

Ovario

la técnica llamada reanastomosis tubárica o tuboplastia para restaurar la fecundidad (véase abajo).

El bloqueo del extremo de la trompa más próximo al ovario puede tratarse por medio de una técnica llamada salpingostomía (véase abajo).

La salpingólisis es una técnica que se emplea cuando la fecundación se ve impedida por la presencia de adherencias (conexiones hísticas anormales) formadas entre las trompas y los tejidos circundantes (véase abajo). Estas adherencias pueden ser causadas por infección de los órganos abdominales o por una operación abdominal o pélvica previas.

Si el bloqueo o la lesión de la trompa no es susceptible de reparación quirúrgica, el médico puede recomendar la fecundación in vitro (véase pág. 141).

La intervención quirúrgica de trompas puede aumentar el riesgo de embarazo ectópico (implantación del óvulo fecundado en una de las trompas). En caso de embarazo ectópico, la cirugía necesaria para terminar la gestación puede reducir aun más las posibilidades de concepción.

(véase pág. 141).

(véase página 140)

(véase página 141).

Reanastomosis tubárica

Esta intervención se emplea cuando el bloqueo afecta sólo a una porción de la trompa de Falopio. El médico extirpa la sección estenosada y une los extremos de las partes restantes con suturas.

Sección extirpada de una trompa

Suturas

Salpingólisis

La técnica llamada salpingólisis puede emplearse para extirpar adherencias. Las adherencias son conexiones hísticas anormales entre las trompas y otros tejidos, que pueden producir distorsión de las trompas. Las adherencias se extirpan con bisturí o se disuelven con láser.

Rayo láser

Adherencias

Distorsión de una trompa

Salpingostomía

Esta intervención (derecha) se emplea cuando el extremo exterior de la trompa de Falopio está bloqueado. Las fimbrias (proyecciones digitiformes) del extremo de la trompa se abren al exterior. Los bordes de la abertura se vuelven ligeramente hacia abajo y se suturan para prevenir que la trompa se cierre de nuevo.

Trompa

Bloqueo del extremo exterior

Fimbrias abiertas hacia fuera

Extremos suturados

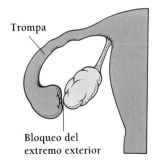

Trompa estenosada

Útero

Catéter con balón

Catéter con balón inflado

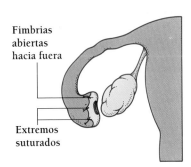

Trompa estenosada

Trompa dilatada

Tuboplastia

Esta técnica se emplea para tratar el bloqueo o estenosis de la trompa de Falopio. Se introduce un catéter con balón en la trompa de Falopio a través del útero (figura superior izquierda). El balón se infla para ensanchar o desbloquear la trompa (ilustración inferior izquierda), luego se desinfla el balón y se retira el catéter.

(figura superior izquierda)

TRATAMIENTO DE LOS ANTICUERPOS CONTRA ESPERMATOZOIDES

Cuando la esterilidad se debe a la producción de anticuerpos contra espermatozoides por el sistema inmunológico de la mujer, el médico puede recomendar el uso de un preservativo durante 2 o 3 meses para evitar la exposición del sistema inmunológico a los espermatozoides y la subsiguiente producción de anticuerpos.

Si transcurrido este período las relaciones sexuales sin protección en el período de la ovulación no termina en un embarazo, el médico puede recomendar la inseminación artificial (véase página 140) o la fecundación in vitro (véase página 141).

Si es el sistema inmunológico masculino el que produce anticuerpos contra los propios espermatozoides, el médico le recetará medicamentos inmunosupresores para reducir la producción de anticuerpos.

En algunos casos pueden separarse los anticuerpos contra espermatozoides de una muestra de semen; a continuación, el semen purificado se introduce en el útero femenino mediante inseminación artificial.

TRATAMIENTO DE LA ESTERILIDAD MASCULINA

En algunos casos de esterilidad masculina el tratamiento más eficaz implica medidas de autoayuda para una mejora general de la salud, tales como seguir una dieta nutritiva, dejar de fumar, limitar el consumo de alcohol y reducir el estrés.

El tratamiento con medicamentos fertilizantes es eficaz a veces para aumentar la producción de espermatozoides. Si la esterilidad se debe a la falta de producción de espermatozoides por los testículos, se pueden administrar inyecciones de gonadotropina (hormona que estimula la actividad testicular).

Las anormalidades del espermatozoide o del semen pueden deberse a una infección de la próstata o de otras estructuras productoras de semen. En algunos casos estos problemas se resuelven con un tratamiento antibiótico para eliminar la infección.

Tratamiento quirúrgico

La cirugía puede corregir a veces las anomalías estructurales que causan la esterilidad; por ejemplo, se puede eliminar el bloqueo de los vasos deferentes (conductos que comunican los testículos con la uretra). Si un hombre vasectomizado (a quien se han seccionado los vasos deferentes) desea que su fecundidad sea restaurada, la intervención para revertir la vasectomía tiene éxito en un 50% de los casos.

TRATAMIENTO DE LA ESTERILIDAD DE CAUSA NO EXPLICADA

Algunas parejas son incapaces de concebir, a pesar de los resultados normales de las pruebas de fertilidad y de mantener relaciones sexuales sin protección durante el período de 4 o 5 días durante el cual se produce la ovulación. En tales casos, se puede recurrir a los medicamentos fertilizantes, la inseminación artificial o la fecundación in vitro.

INSEMINACIÓN ARTIFICIAL

La inseminación artificial consiste en la introducción de esperma (del compañero de la mujer o de un donante) en el cuello uterino. El procedimiento se lleva a cabo en el período de ovulación.

A veces se administran medicamentos fertilizantes para aumentar las posibilidades de fecundación. La inseminación artificial se practica cuando las causas de la esterilidad no pueden ser determinadas, en caso de producción de anticuerpos contra espermatozoides (ver pág. 135), de anomalías cervicales (véase pág. 134) que impiden la entrada de los espermatozoides en el útero o de imposibilidad de llevar a cabo el acto sexual. El índice de éxitos de la inseminación artificial varía entre un 20% para el primer intento a un 80% para el sexto.

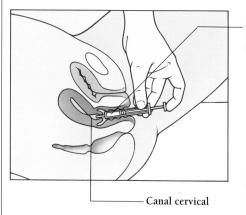

Jeringa que contiene semen

Canal cervical

Cómo se realiza la inseminación artificial
Se introduce el semen en el canal cervical a través de una jeringa pequeña. Concluido el procedimiento, la mujer debe permanecer echada de espaldas durante 20 minutos.

FECUNDACIÓN IN VITRO

La fecundación in vitro (FIV) consiste en la unión del óvulo con el espermatozoide fuera del cuerpo femenino. La fecundación in vitro se realiza cuando no se puede determinar la causa de la esterilidad, en caso de producción de anticuerpos contra espermatozoides (véase pág. 139), si la mujer sufre un bloqueo o lesión incurable de las trompas de Falopio o cuando la pareja no puede tener relaciones sexuales. El índice de éxitos de embarazos conseguidos con la fecundación in vitro («bebés-probeta») oscila entre un 15 y un 20 %.

2 Normalmente, se administran fertilizantes para estimular la maduración de varios óvulos en los ovarios. El crecimiento de los folículos (que contienen los óvulos) se controla por medio de ecografías y mediante la medición de ciertos niveles hormonales en sangre, que aumentan con la maduración de los óvulos (véase pág. 12). Cuando los óvulos están casi maduros, se administra a la mujer una inyección de gonadotropina coriónica humana (HCG), hormona que estimula la producción de estrógeno y progesterona en los ovarios, hormonas necesarias para mantener el embarazo.

Transductor de ultrasonidos

1 Antes de iniciar el tratamiento, el médico explica las técnicas que va a utilizar, las posibilidades de éxito y los posibles riesgos.

3 Inmediatamente antes de la ovulación, el médico extrae los óvulos a través de un laparoscopio (véase pág. 87) o una aguja de succión guiada por ecografía (véase derecha). Esta última técnica permite al médico observar la posición de la aguja en un monitor.

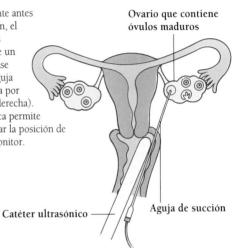

Ovario que contiene óvulos maduros

Catéter ultrasónico

Aguja de succión

4 Para su fecundación, los óvulos se mezclan con los espermatozoides, se colocan bajo cúpulas en una bandeja de cultivo y se introducen en una incubadora.

Cúpulas que cubren los óvulos y los espermatozoides

5 Cada óvulo fecundado es transferido a una bandeja de cultivo distinta. Cuando la mitosis ovular ha producido unas ocho células, los óvulos se han convertido ya en embriones y se pueden transferir al útero.

Embrión listo para ser transferido

NUEVOS AVANCES

Existen dos nuevos procedimientos –GIFT y ZIFT– para ayudar a las parejas con problemas de esterilidad no de causa explicable. Estos procedimientos se han desarrollado basándose en la teoría de que la concepción tiene mayores probabilidades de producirse cuando el óvulo y el espermatozoide se encuentran en el ambiente natural de fecundación, es decir, en la trompa de Falopio. La GIFT (transferencia intrafalopiana de gametos) consiste en la recogida de óvulos maduros (gametos) con la misma técnica empleada para la fecundación in vitro. A continuación, los óvulos se mezclan con espermatozoides y se introducen en la trompa de Falopio. La ZIFT (transferencia intrafalopiana de cigotos) consiste en la introducción de un óvulo ya fecundado en el laboratorio (cigoto) en la trompa de Falopio. El índice de embarazos conseguidos con estas técnicas oscila entre el 20 y el 25%.

6 Los embriones se introducen en un catéter (tubo delgado). que se introduce a través del cuello uterino y se depositan cuatro o cinco embriones en el útero. El médico puede administrar una inyección adicional de HCG.

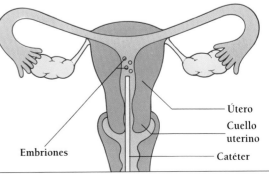

Útero

Cuello uterino

Embriones

Catéter

ÍNDICE

Los números de página en *cursiva* hacen referencia a las ilustraciones y los gráficos.